親子で学ぶ
マネーレッスン

—おカネ・投資のしあわせな考え方—

岡本和久［著］

創 成 社

はじめに

私は経済同友会の「学校と企業・経営者の交流活動推進委員会」に所属している。その活動の一環として中学校や高校で出張授業をする機会が多い。そんなとき、私は必ず挙手によるアンケートで授業を始める。いろいろな質問をするが、そのなかでも必ず聞くのがおカネに関する質問である。これまで200名以上の子どもたちに同じ質問をしてきたが、その結果にはかなり一貫性がある。主な質問と結果を下記してみよう。

1. おカネのイメージ

● 美しい　17%

● 汚い　83%

2. お金持ちのイメージ

● 良い人　20%

● 悪い人　80%

3．おカネを稼ぐことは

● 良いこと　99％

● 悪いこと　1％

4．おカネを稼ぐにはどうしたらよいか

● 人に喜ばれる　84％

● 人から奪う　16％

5．家族でおカネの話をするか

● する　59％

● しない　41％

1、2の質問に対する答えはショッキングである。大部分の子どもがおカネは汚いもの、お金持ちは悪い人と思っている。一方、3、4の答えには希望が持てる。おカネにはマイナスのイメージを持ちつつも、おカネを稼ぐことはよいことだし、また、人に喜ばれることでおカネを得たいと思っている。つまり、子どもたちはおカネにネガティブなイメージは持っているが、同時に非常にポジティブに、世の中のためになることによっておカネを稼ぎたいとも思っているようだ。

おそらく何らかのきっかけでおカネの持つ悪いイメージが変われば、彼らは素直に良いことをして稼ぐことに専念してくれるのではないかと思う。つまり、そのための方向付けを与えてあげることが重要なのだ。しかし、質問5でもわかるように家族でおカネの問題を話しあう家庭は多いとはいえない。また、学校でも金銭教育が十分なされているとはいい難い。

おそらく子どもたちの親も、先生たちですら、おカネや投資に対する理解が十分だとはいえないのが現実なのであろう。思えば、親や先生たちの多くは、バブルの狂乱のなかで多感な青春期を過ごし、社会にでてからは構造不況のなかで仕事を続けてきた人々が多いのであろう。おカネが人々を馬鹿騒ぎに駆り立て、そして、おカネで人々が躓《つまず》くさまを見てきたのもおカネのマイナス・イメージを作り上げる一因となっているのかもしれない。

「おカネは額に汗をして稼いでこそ意味がある、株式投資など、ばくちのようなことでおカネを儲けるのはけしからん」というような言がしばしば、正論のように言われている。

事実、おカネは額に汗をして稼ぐものである。一生懸命働き、人々に喜ばれる仕事をして、感謝のしるしとして受け取るのがおカネだ。株式投資というのは、自分が額に汗をして稼いだおカネによって応援したい会社を保有することである。自分の望むような社会を創るのに貢献してくれそうな企業のオーナーになる。自分の汗の結晶であるおカネを通じて良い世の中づくりに参加するのだ。その企業が人々に喜ばれることをして、感謝のしるしとして売上をあげ、利益を出し、その一部が自分のところに投資収益として戻ってくる。戻ってくるから「リターン」というのだ。そう考えればおカネも投資も決して卑しいものでも汚いものでもない。

おカネは汚い、投資は悪いなどという誤解が生じたのは、投資が目先の利益のみを追い回すゲームとなってしまったからであろう。これは日本だけの現象ではなく、世界的なものでもある。そして、その結末が昨今の世界の金融市場の混乱だろう。そんな状況を反映して、資本主義や、株式会社制度、さらには証券市場の欠陥を声高に指摘する声が多い。そのなかには的を射た指摘もあることは事実だが、また、表面的な事象のみを取り上げ、まるで資本主義が終わりを告げるかのような議論も散見される。

資本主義も株式会社制度も証券市場も、私は極めてよくできたシステムであると信じて疑わない。ただし、参加者として守らなければならない倫理感というものが前提としてあってしかるべきだ。要するに、「おカネというものは感謝されて初めて得ることができるもの」であるということだ。そして、「投資とは、自分が保有する大切なものを他者のために用立て、自分が手放した資源が将来生み出した付加価値の一部を受け取る」という行為だと思う。本書の一番、基本となる考え方はその点に尽きる。

筆者は、長く証券アナリストの仕事をし、その後、年金運用に従事してきた。そして、現在、富裕層とはいえない、ごく普通の生活者のための資産運用のセミナーや講演を行っている。その経験を通じて、家族がみんなでおカネのこと、投資のこと、人生のことを話し合えるようなきっかけとなるものが必要だと痛感していた。そんな折、創成社より本書の出版企画の話をいただいた。私としては、このようなチャンスに巡りあえたことに喜びを感じつつ、本書を書いた。

このような家族の会話形式の本は筆者にとって初めての試みであった。会話形式にすることにより少しでも「投資は難しい」という先入観をとりのぞければと思う。また、話を簡明にするために細かい点で厳密さを欠く部分もある。しかし、大切なことは本質をしっかりと把握することだと思う。おカネ、会社、株式、投資などについて正しい本質を平明に伝えることを優先したがゆえのこととご容赦願いたい。

おカネや投資の正しい認識を持つことこそ、真の意味で日本の社会や経済が力強く成長するためのカギだと思う。投資は世の中で起こることすべてに多かれ少なかれ関連している。子どもが投資に興味を持つことは、社会や経済の仕組みを知るきっかけを与えるのみならず、自立心、自己責任感などを身につけるうえでも非常に有益ではないかと思う。本書が多くの方に読んでいただけ、その結果、おカネや投資のことをフランクに話し合える家族が増えることを願ってやまない。

目次

主要登場人物

●真央ちゃん（12歳）
中学1年生・マイペース派・興味のあることを一生懸命する

●お父さん（45歳）
お菓子会社勤務・学生時代は投資クラブ部長

●お母さん（42歳）
専業主婦・元証券レディ

●ピーちゃん（年齢不詳）
ペット猫・真央ちゃんのひとり言の聞き手

第1章　おカネのことを学ぼう

第1課　おカネはぐるぐる回っている

真央です。

わが家では親子で学ぶマネーレッスンを毎週しています。それはこんな具合で始まりました。

土曜日の夜、今日の晩御飯は、私の大好きなすき焼きだ！

真央ちゃん　うれしい！　ちょうどすき焼き、食べたかったの。

お母さん　ほら、昨日はお父さんの月給日だったのよ。だから今日は良いお肉をたくさん買ったわ。

久し振りのすき焼きを囲んで、みんなそろって夕食が始まった。このにおい、いいんだなあ・・・。

お母さん　お父さん、1カ月間、ご苦労さまでした。

お父さん　いや、いや。お母さんがうちの仕事をちゃんとしてくれているから、お父さんも会社でしっかり仕事ができるんだ。お母さんこそ、ありがとう。

真央ちゃん　お父さん、お母さん、ありがとう。

お父さんは、ビールを飲みながらにこにことごきげんだ。

お父さんはお菓子を作る会社に勤めている。

お母さんは、昔は証券会社とかいうところに勤めていたと聞いたけど、私が生まれてからは、私の見張り専門になっている。ちょっとうるさいけど、まあ、それも私のことが心配なのだろう。

かく言う私は中学校1年生。

お母さんは私のことをのんびりしているというけど、私は特にそうも思っていない。

まあ、マイペース派かなあ。勉強は興味のあることは一生懸命にする方だけど、「勉強しろ！　勉強しろ！」と言われるのは大嫌い。要するに強制されるのが嫌いなのかな。

そうそう、あと、わが家にはペットの猫がいます。ピーちゃんという名前なのだけど、何かいつも深く考えごとをしているようでもあり、突然、怒りだして人に噛みついたり、私以上にマイペースで、何とも扱いにくい奴だ。ちょっと私と性格が似ているかも。私の部屋にもよく来て、ウトウトしながら私のひとり言を聞いてくれる。

お父さんは上機嫌で会社の話をしている。

お父さん　いや、実はね、最近、発売したチョコレート、あれがものすごい売れ行きなんだ。お父さんもあの商品の発売には、ずいぶんかかわったのでうまくいってくれて一安心だよ。

お母さん　そうね、私も気になってスーパーでも注意して見ているけど結構、売れてるようよ。買ってくれてる人を見るとお礼をいいたくなっちゃう。

私も食べさせてもらったことがあるが、たしかにちょっと大人っぽい味でおいしい。

お母さん　これで会社の業績が上がれば月給やボーナスも上がるかもしれないわね。

お父さん　ハ、ハ、ハ。そうだね。そうなるとありがたい。真央にもこれからはおカネがかかるからね。でも、お父さんの会社はこれだけを作っているわけではないからね。他の部門の業績も良くならないとなかなか月給は上がらないね。

でも、どうしてチョコレートが売れるとお父さんの月給が上がるんだろう。

真央ちゃん　ねえ、お父さん。月給って会社が払ってくれるんでしょう。どういう仕組みになってるの？

お父さん　そう、月給はね、お父さんが働いている会社が払ってくれているんだよ。会社でお父さんやその他の人たちが一生懸命に働いて、お菓子を作って売る。そのお菓子をお客様がおカネを払って買ってくださる。会社は、売れたお菓子の代金の一部をお父さんたち従業員に月給として払ってくれているんだ。おカネは銀行口座に振り込んでくれる。毎回、現金を渡されると、万一、落としたりしたら大変だし、会社も手間がかかりすぎるからね。だから、銀行口座におカネを送ってくれるんだ。これ、振り込みっていうんだけどね。

真央ちゃん　ねえ、月給とボーナスってどう違うの？

お父さん　おお、それはいい質問だ。月給というのは毎月、会社が支払ってくれるおカネなんだ。ただ、会社も景気が良くなったり、悪くなったりする。そのたびに月給が上がったり下がったりするのじゃ、生活の計画がたたないだろう？　だから、会社は生活に必要な決まったおカネを毎月、月給として支払う。そして、会社の業績や従業員の成績によって、ボーナスが普通、6月と12月に支払われる。こちらは月給と違って変動するんだ。決まった額がもらえるわけではない。

真央ちゃん　じゃあ、ボーナスはお父さんの会社での成績表のようなもの？

お父さん　まあ、そういう面もあるね。もちろん、会社全体がどれぐらい儲かるかということによっても左右されるから、それだけとはいえないけどね。

お母さん　だから、お父さんの会社が新しいお菓子の成功で業績が伸びて、しかも、お父さんがその新製品の発売に大きな貢献をしたとなれば、ボーナスがアップすることが期待できるのよ。

お父さん　おい、おい。そんなに大きな期待をしないでくれよ。『獲らぬ狸の皮算用』になってしまうといけないからね。

そうか、会社というのも結構、きびしいんだなと私は思った。朝、会社に行って、夜、帰ってきてという繰り返ししか、私たちの目にはふれないけれど、お父さんはいつも成績を評価されているんだ。それが私たちの生活に影響するんだから、これは大変。これからはもう少しお父さんを激励しなくては・・・、などと私は思った。

でも、おもしろいなと思う。お父さんが作ったお菓子を会社が売って、買ってくれた人からおカネを受け取る。そのおカネの一部が月給として銀行に振り込まれる。お母さんがそれを引き出してきて私たちの生活をまかなう。私のおこづかいもそこからきているし、ご飯のお惣菜を買ってきたり、学校の月謝を払ったりするわけだ。

そのお惣菜を売っているスーパーはお母さんや他の人たちの払ったおカネでスーパーの従業員の月給を払っている。そういえば、クラスの健太のお父さんはスーパーに勤めていると言っていたっけ。あいつの生活はうちのお母さんの買い物によって支えられている。彼のお

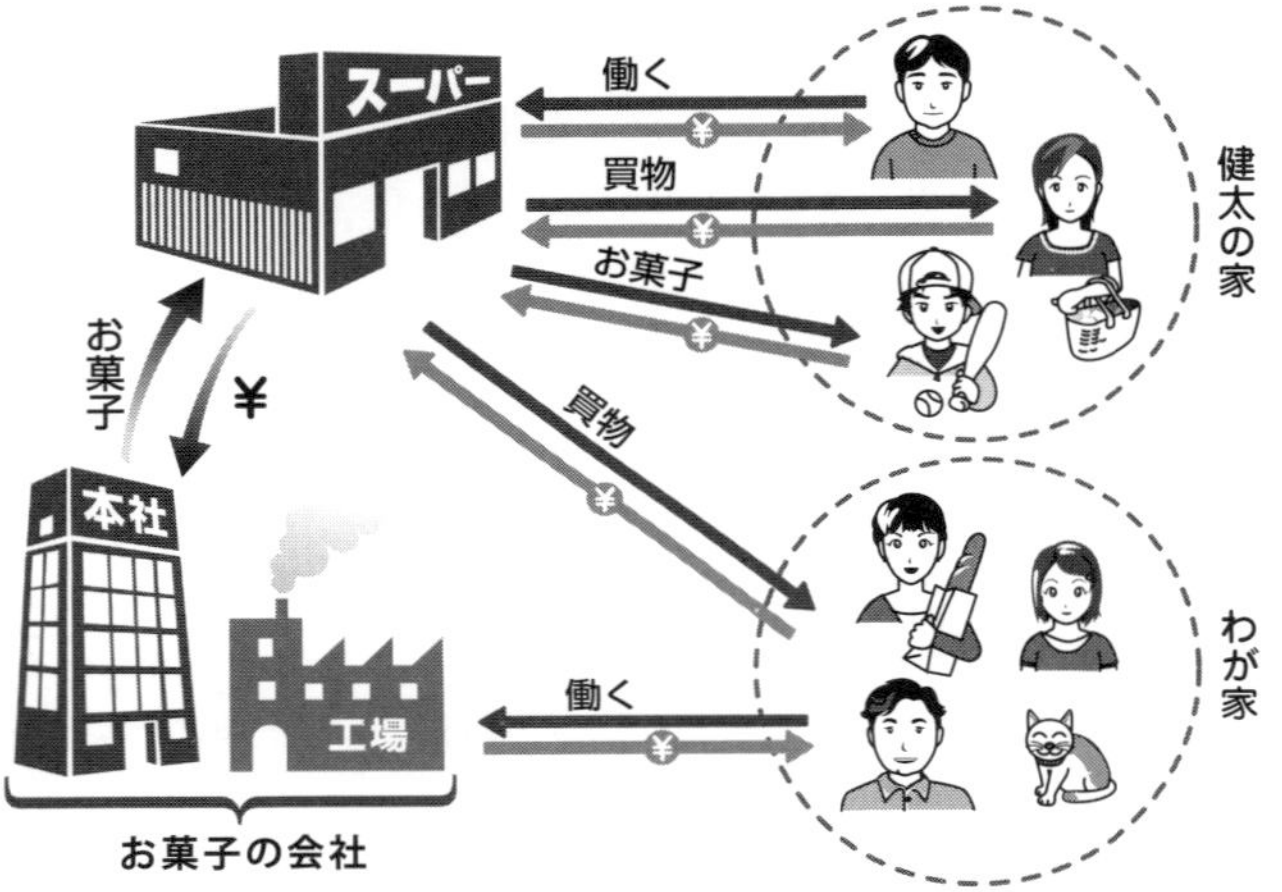

おカネはぐるぐる回る

父さんはスーパーの会社から月給をもらい、その一部が健太のおこづかいになっている。その健太は私のお父さんの作ったお菓子をおこづかいで買って食べている。だから健太はお父さんの会社を支えているともいえる。そして、私たちも、健太のようなお客様のおかげで生活をしている。

　これはちょっとした発見だった。

真央ちゃん　そうか、**おカネって世の中をぐるぐる回っている**んだ。

　私が急に大きな声で言ったので、お父さんもお母さんもちょっと驚いたようだ。

　何か大発見をしたような気がする。

真央ちゃん　おカネって世の中をぐるぐる回っているんだね。

お母さん　そうよ。昔、勤めていた証券会社なんかにいるとすごくそれを感じたものよ。

お父さん　いいところに気づいたね。おカネはぐるぐる回っているということがわかると世の中の仕組みがよくわかってくる。こういうのが本当の勉強というんだ。

お母さん　もちろん学校の勉強も大事なのよ。さあ、早くご飯を終わらせて宿題をすませなさい。

ちょっとしらけた私。でも、ここで引くわけにはいかない。

真央ちゃん　私、もっとおカネのこと知りたいわ。

お父さん　お父さんはね、実は大学時代に投資クラブに入っていて、部長をしていたんだ。だから、一応、基礎的なことは知っている。でも、もう一度、みんなで一緒におカネや投資のことを勉強してみよう。おカネの問題は一生、ついて回るからね。『親子で学ぶマネーレッスン』っていうわけだな。

お母さん　そうね、それはいいかもしれない。私も昔、証券会社にいたときに使っていた教科書があるからそれを読みなおしておくわ。

お母さんも少し、ワクワクしている。自分の経験を生かせるからうれしいのかな?

ということで、毎週、家族で少しずつおカネの勉強をすることになった。

真央ちゃんのひとり言

おカネって世の中をぐるぐる回っているんだ。回りながらみんなの生活を支えている。いままであんまり、おカネのことなんて考えたこともなかったけど、もう少し勉強してみたいと思った。お父さんとお母さんに話したら、これから「マネーレッスン」をしてくれるって。なんか、ワクワク・・・。

第2課　おカネはきれいか、きたないか？

家族でテレビのニュースを見ていた。

どこかの企業が何か悪いことをしたようで、その会社のエライ人たちが机に並んでお詫び会見をしている。

お母さん　やーねえ、こんなことばっかりなんだから。

そう言えばそうだ。どうもテレビのニュースを見ていると企業のトップが逮捕されたり、並んで頭を下げたり。どうしてこんなことばっかりなんだろう。

真央ちゃん　ねえ、お父さん。あの人たちはやっぱりおカネを儲けたいから悪いことしてるの？

お父さん　そうだねえ。それは確かに大きな理由かもしれないね。でも、本当におカネそのものが悪いのかな？　そこは良く考えてみないといけないね。ちょうどいい。今週の『親子で学ぶマネーレッスン』はこれをテーマにして話してみよう。真央はおカネにどんなイメージを持っているかい？　きれいとか、きたないとか・・・

真央ちゃん　そうねえ、やっぱり私はきたないと思うわ。さっきのようなテレビ・ニュースを見たりすると、どうしてもそう思ってしまう。

お母さん　そうねえ、おカネはきたない、お金持ちは悪い人っていうイメージはあるわね。

お父さん　でも、本当にそうだろうか。おカネって本当は単なる道具だろう？　それがきれいとか、きたないっていうことがあるんだろうか？

　お母さんは証券会社にいたときに勉強した本を読みかえしたようだ。

お母さん　おカネには3つの役割があるのよ。ひとつは**価値の基準**。おカネが存在しなかったときは、モノとモノを交換してたでしょう？　例えば両手にいっぱいの麦とお芋ひとつとか。

お父さん　そうそう、物々交換だね。釣り針いくつと弓矢いくつを交換するとかね。

お母さん　そう、でもそうするとお芋と釣り針を交換するときの比率がわからないわよね。だから、おカネの単位を使ってすべてのモノの価値をおカネで表示することにしたわけ。それですごく便利になったの。これがおカネの価値の基準としての役割よ。

お母さん　二番目の役割は**交換手段**よ。つまり、物々交換だと相手が欲しがっているものをこちらが持っていないと交換してもらえないわ。でもおカネが間に入ると、あるモノをまず、おカネに交換して、それを別のモノに変えることができるわけ。そして、三番目の役割は**価値を貯めておく手段**よ。お芋だと腐ってしまうから、お芋の形で貯めておいてもムダになってしまうわ。釣り針ばっかりしまっておいても仕方がないしね。とにかくおカネという、何にでも交換できるものにして貯めておくことが一番便利なわけ。こうしておカネが人間の社会のなかで流通をはじめたのよ。

真央ちゃん　へー、お母さんって意外にすごいんだ。

お父さん　お母さん、ずい分、勉強したね。なかなかすごい。お母さんの話したのは、おカネの3つの役割だね。もう一歩、踏み込んで考えてみよう。例えば、お母さんが忙しいとき、真央がお手伝いをして、お母さんがとても助かったとする。そして、特別におこづかいをくれたとしよう。

真央ちゃん　そうね、時々だけどそんなこともあるわ。

お父さん　そうだね。そんな時、お母さんはどう思ってるのかな？

真央ちゃん　そりゃ、ありがたいと思ってるのじゃないかしら。だから、大切なおカネをくれるのよね。

お父さん　そう。お母さんにとってもおカネは大切なものだ。その大切なものをあげるぐらい感謝をしているからおこづかいをくれるんだね。

真央ちゃん　そうだと思うわ。

お父さん　じゃあ、**おカネって『感謝のしるし』**だとは思わないかい？

真央ちゃん　あ、そうね。きっとおカネと一緒に感謝の気持ちをくれてるんだわ。

お父さん　そう。なかなかうまいことというねえ。お父さんたちの作ったお菓子がよく売れているという話はしたね。お客様はなぜ、おカネを払ってチョコレートを買ってくださるのかな？

真央ちゃん　そりゃ、やっぱりチョコレートがおいしいから、自分の大切なおカネを手放してもそれを欲しいと思ったのと違う？

お父さん　その通りだ。お客様のおカネは会社に行き、その一部はお父さんの月給やボーナスになる。どうしてかな？

真央ちゃん　うーん。

お母さん　それは会社がお父さんに対して『働いてくれてありがとう』と思ったからよ。会社がお父さんに感謝をしているからじゃないの？

お父さん　真央、いいかい。先週、真央はおカネってぐるぐる回っているということを発見したね。もっと正確に言うと、おカネっていろいろな人の感謝の心と手に手をとって世の中をぐるぐる回ってるんだ。そう考えると、おカネってちっともきたないものとは思えない。むしろ、美しいものじゃないだろうか？

お母さん　そう言えばそうね。あんまり、そういう風には考えたことがなかったわ。

お父さん　じゃあ、お金持ちってどんな人？

お母さん＋真央ちゃん　ハイ！　人からたくさんの感謝をもらった人！

お父さん　そうなんだよね。おカネのイメージ、全然、変わるだろう？

真央ちゃん　ねえ、お父さん。おカネが感謝のしるしだということはわかるんだけど、それではなぜ、おカネが理由で悪いことをする人がたくさんいるの？

お父さん　結局、みんな、簡単におカネを得ようとしすぎるからじゃないかな。人が喜ぶことをするのは面倒だ、もっと、手っ取り早く儲ける方法があるんじゃないかと思って、人から奪ったり、人をだましたりする人がでてくる。

真央ちゃん　そうね。確かに、お母さんのお手伝いをするときだって、本当は遊びたいけど、少し我慢をする。その結果、お母さんが喜んでくれておこづかいをくれる。

お父さん　でも、世の中には手抜きのお手伝いをして、おこづかいだけちゃっかりもらっちゃおうという子もいるかもしれない。会社にしても、地道にお客が喜ぶことをして、おカネを払ってもらえばいいのだけど、それをしないで、ずるいことをやって儲けようという会社もある。なかには悪いことをしてでも儲けよう、お客をだましてでも儲けようという会社もある。

真央ちゃん　そういうのがテレビのニュースなんかにでるのね。

お父さん　そうだ。ほとんどの人はまじめに働いて稼いでいる。しかし、なかには悪いことをして儲けようとする人がでてくる。でも、そういう人は結局、ひどい目にあう。

真央ちゃん　せっかく偉くなっても、あんなにかっこ悪いことになるんじゃしょうがないわね。

お父さん　悪いことは、必ず、いつかばれる。それは恐ろしいほど必ずばれる。感謝されて受け取るおカネは喜んできてくれる。でも、無理やりに誘拐してくるようなおカネはすぐ逃げていってしまう。

真央ちゃん　そうか・・・。何となくわかった。おカネには気持ちがついて回っているのね。

お母さん　ほんとにそうね。おカネにはきれいもきたないもない。でも、良い稼ぎ方と悪い稼ぎ方がある。良い稼ぎ方をしたおカネはしあわせを持ってくる。悪い稼ぎ方をしたおカネは、すぐに逃げていくし、最後にはひどい目にあうことになる。

真央ちゃん　ふーん。おカネって結構、奥深いものなのね。

真央ちゃんのひとり言

おカネは、価値の基準、交換手段、価値を貯めておく手段という3つの役割を果たすことで私たちの生活を便利にしている。お父さんは、おカネは「感謝のしるし」だと教えてくれた。ほとんどの人はまじめに一生懸命、働いて稼いでいる。でも、時々、奪ったり、だましたりしておカネを得る人もいる。そういう人はすぐにばれてひどい目にあう。そう言えば、テレビなんかでしょっちゅうお詫び会見ってやってる。だから、おカネのイメージが悪くなる。残念なことだ。

第3課　欲しいものがたくさん

あーあ、欲しいものはたくさんあるのにおこづかいは貧血状態。何とかならないもんだろうか。ぼーっと日曜日に考えていたら、お父さんがやってきた。

お父さん　何かまじめに考えているみたいだね。ボーイフレンドのことかい？

真央ちゃん　ほっといてよ！

お父さん　おや、おや。ご機嫌が悪いんだね。さわらぬ神に何とやら・・・。

おこづかいをせびろうと思ってたのにちょっとまずかったかな？

ベランダから外を眺めているお父さんの背中にちょっと近づき、「私、いろいろと欲しいもんがあるんだ・・・」と、少し哀れっぽい声でつぶやいてみた。

お父さん　ふーん、欲しいって何が欲しいんだい？

真央ちゃん　私、新しい機種の携帯が欲しいんだ。友達はみんな最新機種を持っているけど私のなんか3年前に買ってもらったもの。バッテリーも弱っちゃってるし、みんなのより一回り大きくって、かっこ悪い・・・

お父さん　だって、あれ、お父さんが買った時に一緒に買ったんじゃなかったっけ？　お父さんはいまでも使ってるよ。全然問題ない。

真央ちゃん　私たちにとって、携帯はファッションの一部なの。ただ、電話が通じればいいというのとは違うわ。
お父さん　なるほどね。でも、子供は学校に携帯を持ってくるべきではないという話もあるじゃないか。
真央ちゃん　それは、知ってるわ。学校でも話がでている。でも、それは携帯の使い方の問題よ。私は学校では携帯は使わないわ。
お父さん　そうか。まあ、次の誕生日のお祝いかな？
真央ちゃん　それから新発売のゲームも欲しいし、洋服も欲しい。あれも、これも欲しいものだらけ。でもおカネがないわ。
お父さん　そりゃ、お父さんだってそうだよ。欲しいものはたくさんあるけど、それを全部、買っていたらいくらおカネがあってもたりない。
　そこにお母さんがきた。
お母さん　なに、話してるの？　なんか、欲しいものがどうとか聞こえたけど・・・
お父さん　そう、真央が欲しいものがたくさんあるけど、おカネがないってグチってたんだ。
お母さん　そんなの当たり前よ。私なんか欲しいものが山ほどあるけど、我慢してるわ。
お父さん　でも、結構、いろいろ買い物しているように見えるけどねえ。
お母さん　そんなことないわ。欲しいものと比べたらかわいいものよ。

お父さん　ま、いいや。これをテーマに今日の『マネーレッスン』といこうか。

お母さん　それじゃ、お茶入れてくるわ。

真央ちゃん　お母さん、冷蔵庫にケーキがあったわね。あれもだしてよ。

お母さん　真央ったら、目が早いわねえ。まあ、いいや。マネーレッスンだから特別に。

真央ちゃん　やった！

お父さん　人間にはいろいろな欲望があるよね。でも、欲を満たすためには自分の持っているものを手放さなければならないのが普通だ。

お母さん　欲しいものを買うためには、自分のおカネを手放さなければならないということね。

お父さん　その通り。お父さんの友達でアメリカに住んでいた人がいる。

真央ちゃん　へえー、いいなあ。私もアメリカに行きたい。

お父さん　でも、向こうじゃ学校の授業だって英語だぞ。

真央ちゃん　あ、そうか。私、やっぱり日本でいいわ。アメリカには旅行で行くから。

お父さん　まあ、それはともかく、この間、そいつと久し振りに一杯飲んだら、その人の子供がアメリカの幼稚園に行ってた時の話をしてくれた。なんでも、テディーベアーのパーティーっていうのがあるそうだ。幼稚園の子供たちが企画して行うパーティーらしいが、みんなが思い思いの模擬店をつくる。ある子供はサンドイッチを作ってきて売る。別の子供は自分の持っているゲームで、みんなが遊べるお店をつくる。そして、先生も親も子供たちもみんなテディーベアーの絵がついたおカネをもらう。もちろん模擬通貨、偽物だよ。

お母さん　かわいいわね。

お父さん　パーティーでは、友達が自分の店に来て買い物をしてくれるとおカネが手に入る。そうしたらそのおカネを使って友達の店に行き欲しいものを買う。こうして、おカネがぐるぐると回るのを体験するんだそうだ。

お母さん　幼稚園のときにそういうことを体験できるってすごいわね。

お父さん　そうなんだ。その友人も言っていたが、日本ではなんとなくおカネの話をみんなの前でするのははばかられるんだよね。だから、学校でもあんまりおカネのことは教えない。外国ではあんまり、そういう抵抗感はないみたいだね。

お母さん　そうね、私もあんまりおカネのことを教えてもらった記憶はないわ。

お父さん　アメリカの高校生の教科書では、株式投資のリスクとリターンの関係とか、投資信託のこととか、きちんと教えているっていうんだね。

真央ちゃん　なに、それ、そのリスクとか、リターンとか、投資信託とか・・・

お父さん　おっと、失礼。これはだんだんに説明していくことにしよう。大切なことは、何か欲しいものを得ようと思ったら、自分の大切なもの、例えばおカネを手放さなければならないということを小さいときから学ぶことだ。そして、そのおカネを得るためには人が喜ぶことをしてあげなければならない。

真央ちゃん　そこはわかってるわ。

お父さん　人の喜ぶことをするには、少し自分を犠牲にしなければならないことが多い。それでこそ感謝されておカネを受け取ることができる。

真央ちゃん　その受け取ったおカネで自分の欲しいものを得ることができるのね。

お父さん　そう、おカネを受け取った人はまた、そのおカネで自分の欲しいものを手に入れる。真央もいろいろとたくさん欲しいものがあると思うけど、何か欲しいものを得ようとしたら、自分の大切なものを手放さなければならない。これは、トレードオフの関係というんだ。

お母さん　何かが欲しければ、自分は少し我慢しなければいけないってことね。

　どうも、私の携帯はしばらく難しいかもしれない。それでなければお手伝いでもして稼ぐかなあ。でも、簡単に「携帯が欲しい」と言っても、自分で買うには相当の我慢が必要だ。お父さんに買ってもらうとしたら、その分、お父さんが一生けん命会社で働いて得たお金で買うことになる。よく考えると何でも「欲しい、欲しい」と簡単には言えないなと思った。

真央ちゃんのひとり言

人が喜ぶことをするには、少し自分を犠牲にしなければならないこともある。それでこそ感謝されておカネを得ることができる。そうして、いただいた感謝のしるしであるおカネを手放すことで、自分の欲しいものを得ることができる。これをトレードオフの関係っていうんだって。

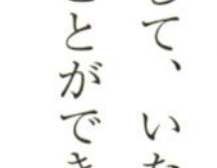

第4課　おカネは感謝の輪を広げる

週末の「親子で学ぶマネーレッスン」が始まってから少しずつ、私の世の中を見る目が変わってきたように思う。ニュースを見ていても、その背後でおカネがどんな役割を果たしているかが気になるようになってきた。なにか、ちょっとだけ自分の興味が広がった気がする。

おカネは感謝と手に手をとってぐるぐると世の中を回っている。人の喜ぶことをすることで感謝の心が生まれ、感謝といっしょにおカネがみんなの生活を支えている。たしかに、ときどき自分は何も犠牲を払わないで楽をしておカネだけ儲けようという人もいる。でも、そういう人は結局、すぐにばれてひどい目にあう。

自分が何かを欲しいと思ったら、人の喜ぶことをしなければならない。本当は遊びたくても、それを我慢してお手伝いをする。自分の時間や労力やおカネなどを人のために使ってあげることで、相手が喜んでくれる。

おカネというのはそのような感謝を一対一の関係でやりとりするだけでなく、もっと、幅広く交換できる便利な手段なんだ。例えば、私がお隣の山田さんちの愛犬、ウィリー君のお散歩をしてあげる。10回やって１０００円のお礼をいただく。これは山田さんのおばちゃんが私に感謝しているからくれたおカネだ。そのおカネを持って健太の持っているゲームを買ったとする。健太はそのゲームをお年玉で買ったというけど、もう、あきてしまったという。１０００円だって売れればその方がいい。私だって、新品を買えば高いけど、中古でも１０００円で買えればありがたい。こうして、私は健太に「私の欲しいゲームを安く売ってくれてありがとう」という気持ちを込めておカネを払う。健太は「ぼくのいらなくなったゲームを買ってくれてありがとう」という感謝と一緒にゲームを私にわたす。山田さんのおばちゃんの感謝のしるしで私が欲しいゲームを手に入れることができる。そして、健太は１０００円でまた、好きなものを買える。これも、おカネという便利な道具があるから可能なのだ。

おカネは感謝のしるし。おカネと感謝は手に手をとって世の中をぐるぐる回っている。良いおカネの稼ぎ方をして、良いおカネの使い方をしていれば、みんな、ハッピーなはず。でも、残念ながら、悪い稼ぎ方をする人もいる。自分は我慢しないで、相手に感謝されることをしないで奪ったり、盗んだりする人がいる。でも、おカネって最後はそういう人を許さない。ニュースなんかでおカネにまつわる事件がたくさんでているのもその証拠だ。確かにおカネがあれば何でも好きなことができる。何でも欲しいものがすぐ買える。だから、手段を選ばずにおカネだけを手に入れようとする人がでてくるのだろう。それだけ、おカネというものには「魔力」があるのかもしれない。

結局、その魔力に負けないためには自分自身のなかで良い心をきちんと持っていることが大切なのだろう。人から何かを奪ったり、人をだましたりしたときは、必ず、自分の心の奥の方で良い心が小さな声で「そんなことしちゃ、いけないよ」って言っている。その良心の声を封じて、おカネの魔力に負けてしまう。

私がもっとずっと小さかったころ、お母さんがいつも言っていた。「人からされて嫌なことは絶対に人にしないこと」って。それだけはよく覚えてるわ。そして、人が喜ぶことをしてあげると結局、自分がうれしい。そう考えてみるとおカネと付き合うということは本当に自分自身を磨いていくことと同じなのかもしれない。うまく表現できないけど、おカネってすごく奥深いものだし、私たちの生き方そのものと関係している気がする。そして、私たちが何を本当に大切にするかという気持ちとも関係があるのだと思う。

ああ、今日はずいぶん、難しいことを考えてしまった。もう、寝よう。「今日も、1日、とてもためになる楽しい日を過ごせたことを感謝します。明日も、良い日が来ますように・・・」、いつものお祈りをして布団に入った。ピーちゃんはいつもと変わらず、私の足の方で丸くなって眠っている。ピーちゃんの重さが心地よく感じられる。

真央ちゃんのひとり言

感謝といっしょにおカネがぐるぐる回り、みんなの生活を支えている。おカネを通じて感謝の輪をどんどん広げることができる。人の喜ぶことをすると自分もうれしい。でも、おカネには魔力もある。心の奥の小さな声に耳を傾けて、おカネの魔力に負けないようにしなければと思った。

第5課　おカネと友達になる

毎週の「親子で学ぶマネーレッスン」の日がきた。

お父さん　真央は最近、とってもおカネのことに興味を持つようになってきたね。これはとてもいいことだと思う。最近、おカネについて感じたことを言ってごらん。

私はこの間、うとうとしながら考えていたことを話した。

真央ちゃん　私は、おカネによって、ある人から受けた感謝を一時的に貯めておいて、それを別の人への感謝のしるしとして払うことができるということに気づいたの。以前、お母さんがおカネの役割が3つあるって話をしてたでしょう。そのなかに価値を貯めておくというようなことがあったと思うけど。

お母さん　そうよ、価値の基準、交換手段、そして、価値の貯蓄だって話でしょ。

真央ちゃん　そう、そう。その価値を貯めること、貯蓄っていうの？　その価値というのはモノと交換するときの価値だけど、それ以外にもあると思うの。

お父さん　うん、どんな？

真央ちゃん　つまり、人から受けた感謝という価値を貯めておくというのかな。

お父さん　なるほど。いいポイントだね。人から受けた感謝を貯めておいて、その感謝を他の人に使う。そうすると、お互いに知らなくっても真央を通して感謝のやり取りができる。

真央ちゃん　そう、そう。そういうことを言いたいの。このマネーレッスンが始まったころ、お金持ちのイメージは悪い人っていう話があったわよね。いまから思うと不思議なくらい。おカネ持ちは人から受けた感謝がたくさん貯まった人よね。

お父さん　そして、おカネ持ちになれば、人が喜ぶことのためにどんどんおカネを使える。『世の中のためになることをしたいなあ』と思うことはすばらしいことだ。**おカネがあれば**

その思いや志を何倍にも拡大して使える。そうするとみんながもっと幸せになり、みんなから感謝される。感謝されて一番、うれしいのは自分だもんね。感謝されて得たおカネは喜んできてくれる。しあわせというお土産を持ってね。反対に、嫌がるのを無理やりに連れてきたおカネは、すぐに逃げて行ってしまう。**おカネと友達になる**ということが大事なんだね。

真央ちゃん　なるほど、おカネと友達になるのね。

お母さん　真央ちゃんが誰かとお友達になりたいと思ったらどうする？

真央ちゃん　そうねえ、まず、その人のことをもっと知りたいと思うわ。例えば、お誕生日とか、どこで生まれたとか、何が好きかとか。

お母さん　そうよね。そして、共通の話題を見つけて話しかけて、それからだんだん親しくなっていくでしょう。

真央ちゃん　うん。

お母さん　おカネも同じなの。おカネのことに興味を持って、少しずつでも勉強をしていくの。そうすると本当のおカネと友達になれるわ。

お父さん　お母さんの言うとおりだね。いままで、みんなでおカネのことを話してきたよね。そこから少し先に進んで投資のことを勉強してみよう。

真央ちゃん　投資って言葉はよく聞くけど意味がわからないわ。早く勉強したいわ。

お父さん　うん。その前に大切なことがあるんだ。それは会社というものの仕組みをよく理解することだ。なぜなら、会社の仕組みと投資とは本当に密接に関係しているからなんだ。

真央ちゃん　会社の仕組みも興味あるわ。

お父さん　よしよし、そこでちょっとうれしい話がある。

真央ちゃん＋お母さん　え？　なに、なに？

お父さん　お父さんの会社のお菓子の工場を見学できるんだ。お菓子がどんな風にできているのか、見学ができる。会社の仕組みを勉強する上でもすごくいいと思うよ。

真央ちゃん　行く、行く。

お母さん　私も行きたい。

お父さん　よし、それではいつ行けるか担当の人に聞いてみよう。真央が夏休みの間に行くことにしよう。きっとすごく面白いと思うよ。

真央ちゃんのひとり言

おカネを貯めるということは人から受けた感謝を貯めることだ。「感謝されて得たおカネは、しあわせというお土産を持って喜んできてくれる」っていい言葉だなと思った。嫌がるのに無理やり連れてきたおカネはすぐに逃げて行ってしまう。だから、おカネと友達になろうと思った。

第2章

会社の仕組みを学ぶ

第1課　お父さんの会社の工場を見学！

わー！　でっかい。それがお父さんの会社の工場に行った第一印象だ。立派な門のところに守衛さんがいて、人の出入りをチェックしている。工場の建物の上にはお父さんの会社のシンボル、ピエロの人形が立っていて、工場全体を眺めているようだ。お父さんが事前に見学を申し込んでおいてくれたのですぐに入れた。一歩、敷地に入ると気のせいか、少し空気に甘い香りが混じっているような気がする。私たちの他にも家族連れや、バスで見学にくる人たちなど、かなりたくさんの人が集まっている。工場見学の説明をしてくれるお姉さんがテキパキと私たちをグループに分け、工場に向かう。ガイドさんが、「今日はチョコレートの工場を見学していただきます」と言った。新しいチョコレートの開発から発売まではお父さんもかなりがんばったというからその工場を見ることができるのはとてもラッキーだ。

お父さんの会社の工場

真央ちゃん　お父さんもしょっちゅうこの工場にくるの？

お父さん　そうだなあ、お父さんは販売の仕事だから、それほどは来ない。

真央ちゃん　チョコレートの販売ってどのようにするの？

お父さん　うん、スーパーやコンビニなどを通して販売をするんだけど、直接、お店に売るのではなく、問屋さんを通して売るんだ。だから、お父さんはいつも、問屋さんに売ってもらうように働きかけている。でも、最近は、コンビニなどから、『こんな商品は作れませんか？』という問い合わせがくることも増えている。そうすると研究所などで希望に合う商品が作れないかを検討してもらう。

真央ちゃん　へー。お菓子にも研究所があるんだ。

お父さん　もちろん。あっちの奥の方に見えるビルが研究所なんだ。

　その時、ガイドさんの「さあ、出発です」という声とともに私たちのグループが動き出した。何でも毎年、この工場だけで何万人という人が見学にくるとか。工場の横にロケットのようなものがいくつも立っている。南アメリカやアフリカや、世界中から買ってきたカカオの豆を入れるタンクだそうだ。商社が現地で買い付け、それをお父さんの会社が買うらしい。確かに世界中を相手に買付をするのだから、世界中にネットワークがある会社が必要なのはわかる。同級生の徹のお父さんは商社に勤めているといっていたけど、商社ってそういう仕事をしているのだな。そう言えば、徹も幼稚園のころにブラジルに住んでたことがあると言ってたっけ。

　工場のなかに入りチョコレートができるまでのビデオを見せてもらう。世界中から来たカカオ豆なので、品質の厳密なチェックをしている。確かに食品のいろいろな問題が起こっているので、「一歩、間違えると大変なことになりますからね」とガイドさんも言っていた。

　チョコレートは次のような作業でできることがわかった。原料になる大量のカカオ豆からよい豆を選別する。皮をむき、実だけを分離する。その実を高温で焼き、それをすりつぶす。そこにお砂糖などを入れて粒をさらに細かくし、ペースト状にする。それから、どろどろのチョコレートを型に流し入れ、食べやすい大きさにしてから冷やす。それを包装して、箱に詰めて、倉庫で少し熟成してから出荷するという作業なのだ。この一連の流れのなかに、実はココア豆の混ぜ方だとか、大きさとかいろいろなところに工夫がこらされている。いつも食べてるチョコレートだけど、大勢の人の努力の結晶なんだなと感動した。

工場に入る前にはみんな、青いシャワーキャップのような帽子をかぶり、靴の土を落とし、数名ずつ小さな部屋に入る。そうするとものすごい風が前後左右から吹きつけられる。ほこりやごみを吹き飛ばしているのだ。そして、次に手をよく洗い、さらにアルコールで消毒する。ここまで衛生に注意しているのにもびっくりした。

次にいよいよ、工場での作業を見る。ワクワクする。少し高い位置からガラスを通して工場のなかを見る。ベルトコンベヤーにチョコレートがいっぱい並んで流れていく。すごい！　こんなにたくさんのチョコレート見たの初めてだ。でも、驚いたのは人が少ないこと。工場っていうから人がたくさん並んで作業をしているのかと思ったら全然、そうじゃない。機械がどんどん正確に作業をしていく。これが前にテレビで見た産業用のロボットなんだな。そして、チョコレートがコンベヤーに乗って、上にいったり下にいったりして、その途中でロボットが作業をしているうちにちゃんと包装されたチョコレートが出来上がってくる。まわりの人たちもみんな、「人が全然いないねえ」と驚いている。

なかには不良品もでるそうだ。それはちゃんと人間がチェックして取り除く。こういうところはやはり人間にやってもらった方が安心だ。まわりの人が「あの不良品はどうなるんですか？」ってガイドさんに聞いていた。「もったいないけど廃棄するんです。それだけに、いかに不良品がでないようにするかが大切なんです」とガイドさん。そうだろうなあ。

次に倉庫にいく。床が金網のような通路を登って上にいく。ちょっと怖いけど全体はよく見える。ここも自動化されている。ロボットが箱をまとめてもっと大きい箱に詰める。それをコンピュータで制御された倉庫のタナにきちんと並べてゆく。午前中にトラックがくるのでそれに決められた箱を乗せてお店に運ぶ。これを人間がやっていたらとても大変。やっぱりコンピュータがすべてを滞りなく管理しているから、このようなことが効率よくできるのだろう。

見学が終わった。とても驚いたのはお菓子を作る会社を支えているものすごくたくさんの人たちがいるということだ。お菓子の材料は世界中からきている。カカオ豆とか、お砂糖とか、小麦とか、私が名前を聞いたこともない国から来ている。遠い国の農園でサトウキビを栽培して、それを売って生活をしている人がいる。そして、さらにそれを買い付けている商社もあるし、それを船で運んでくる会社もある。小さなチョコレートができるために世界中の人たちがかかわっている。これってすごいことだ。やっぱり、世界は平和で、みんながお互いに助け合いながら生活をすることが大切なんだと思った。

もちろん、工場のロボットを作る会社も、倉庫の会社も、お菓子をお店に運ぶ運送業者もいるし、スーパーやコンビニ、キオスクや町のお菓子屋さんでお菓子を売っている人たちもいる。会社のなかにもさまざまな分野で仕事をしているたくさんの人たちがいる。このようなすべての流れがスムーズに行われるのもおカネという存在があるからだ。**おカネが世界中**

を駆け巡って、その結果としてお菓子が私の口のなかに入るのだ。

帰りの電車のなかでも、工場の風景が頭のなかでクルクルと回っていた。ちょっと疲れたのでウトウトしていたらわが家の駅に到着した。

真央ちゃんのひとり言

私が食べるチョコレートは、ものすごい数の世界中の人たちが協力してできあがったものなんだ。みんなのおいしいチョコレートを作ろうという気持ちがチョコレートになってるんだ。そして、世界中をまきこむ、ものすごい作業がスムーズに流れるのもおカネという存在があるからなんだなってわかった。やっぱり世界は平和がいい。

第2課　会社について勉強する

マネーレッスンの日が来た。

真央ちゃん　お父さん、会社って私が思ってたよりも、ずっとすごいものなのね。お菓子の工場があんなに大きいなんて想像もしなかったわ。

お父さん　そうかい。工場だってあそこ以外にまだたくさんある。また、本社の入っているビルだって会社が持っている。建物だけじゃないよ。会社のなかには机や椅子、パソコン、電話、金庫、会社の自動車や、それこそ、何万ものモノを会社は持っている。それから、会社はおカネだって持っている。また、お父さんの会社のピエロのマーク、知ってるだろう？　あれだってとっても大きな価値があるんだよ。そう言うのが全部、会社の財産だ。

真央ちゃん　それだけのモノを集めるのにはすごいおカネが必要でしょう？　誰がおカネを出してくれているの？

お父さん　うん、そりゃ、いい質問だ。まず、一番大切なのは会社の仕組みを知ることだと思うね。

お母さん　私、株式会社の歴史を調べたわ。とっても面白かった。

お父さん　そうだね、会社といっても本当はいろいろある。でも、一般的には株式会社が一番、われわれの目に触れるからね。

真央ちゃん　そう言えば、よく会社の名前の前や後に『株式会社』ってついてるわね。

お父さん　では、お母さん、株式会社の歴史の話をお願いします。

お母さん　株式会社の歴史って実はすごく古いの。何でも１６００年代のはじめぐらいに遡るらしいわ。

お父さん　日本で言えば徳川幕府ができたころだね。

お母さん　その当時、ヨーロッパとアジアとの間を船が行き来するようになったのね。インドやアジアの品物がヨーロッパではすごく珍しがられてとっても高い値段で売れたの。

真央ちゃん　たとえばどんなもの？

お母さん　コショウが有名ね。

真央ちゃん　えー。コショウ？　コショウなんかスーパーでいくらでも売ってるじゃない。

お父さん　当時はスーパーもコンビニもなかった。コショウはヨーロッパではものすごい貴重品だったんだよ。その他、インドの木綿、絹織物、お茶とかね。アジアの珍しい品物をヨーロッパの金持ちがどんどん高い値段で買ったのさ。

お母さん　そうなの。そのうち、その金持ちさんたちのなかで頭のいい人が、友達を何人か誘って、みんなでおカネを出し合って船を雇おうじゃないかということになったの。つまり、自分たちで船を借りて、船乗りを雇って、アジアまで行ってもらい、渡したおカネで珍しいものをたくさん買ってきてもらう。そして、それをみんなに売って利益をみんなで山分けしようぜっていうわけ。

お父さん　でも、もし、途中で船が難破したりしたらどうなるんだい？

お母さん　その時はアウトよ。出したおカネはパア。

お父さん　じゃあ、もしかしたらおカネはパアになるかも知れないけど、儲かれば大きいからそれをやろうという人が集まったというわけだね。このような会社は東インド会社と呼ばれていたんだ。インドやその東にある国の物産を扱っていたからそういう名前だったんだね。

お母さん　いま存在する株式会社は、この東インド会社が発展したものだと言われているのよ。最初のころは1回の航海が終わったら全部、売れた代金から費用を精算して利益を山分けにしていたの。そのうち、これを続けてやろうというところが出てきたわけよ。そうすると、山分けするのは半分ぐらいにして残りのおカネは会社に残しておき、次の航海のときに使おうと考え始めたわけね。

お父さん　いまの株式会社は、ずっと続くことを前提に経営されているからね。その原型ができてきたわけだ。当然、その会社におカネを出しているという証明をするものが必要だ。出している金額に相当する会社の財産を持分というのだけれど、その持分を証明するものが株式なんだ。

真央ちゃん　へー、そうなんだ。今まで株式っていう言葉は聞いたことがあったけど、そういうことなのね。お父さんの会社も株式会社でしょう？　じゃあ、東インド会社と似たような仕組みなわけ？

お父さん　まあ、進化しているけど大きな仕組みはおんなじだ。

お母さん　そうなの。つまり、いまの株式会社もおカネを出している人たちがいて、そのおカネを集めて工場や設備を持って事業をしているわけよ。

真央ちゃん　でも、ものすごくたくさんのおカネが必要でしょう。そんなに大金持ちっているものなの？

お父さん　確かに大量のおカネがいる。だからたくさんの人におカネを出してもらっている。これを『**出資**』というんだ。資金を出すから出資だね。

お母さん　読んで字のごとし・・・、ね。

お父さん　東インド会社でも船が難破すればおカネはパアになったろう？　同じように株式会社に出資をしている人も、その株式会社がつぶれたら出したおカネはパアになる。

真央ちゃん　じゃあ、よっぽど会社にがんばってもらわないといけないわね。

お父さん　そうだ、そのとおりだね。だから、おカネを出している人たちは、信頼できる経営者を選ぶんだ。その経営者のトップが社長。ここで大切なことは、出資している株式会社が大きな損を出しても、出資をした人は出したおカネを損するだけということだ。自分が出資した分さえあきらめればそれ以上、損することはない。

お母さん　パアになっても困らない程度の出資をしていれば安心でしょ。もちろん、うまくいけば大もうけ。だから、この株式会社の制度はどんどん発展したの。

お父さん　それにしても出資している人たちは、社長を中心とする経営陣に自分の大切なおカネを預けて活用してもらうんだから経営者の責任は重大だね。

お母さん　会社の社長は東インド会社の船長さんのようなものね。確かに船長さんが信頼できなかったら大変だわ。おカネを出している人たちの意志をきちんと受け止めて経営をして

株主のおカネで会社はできている

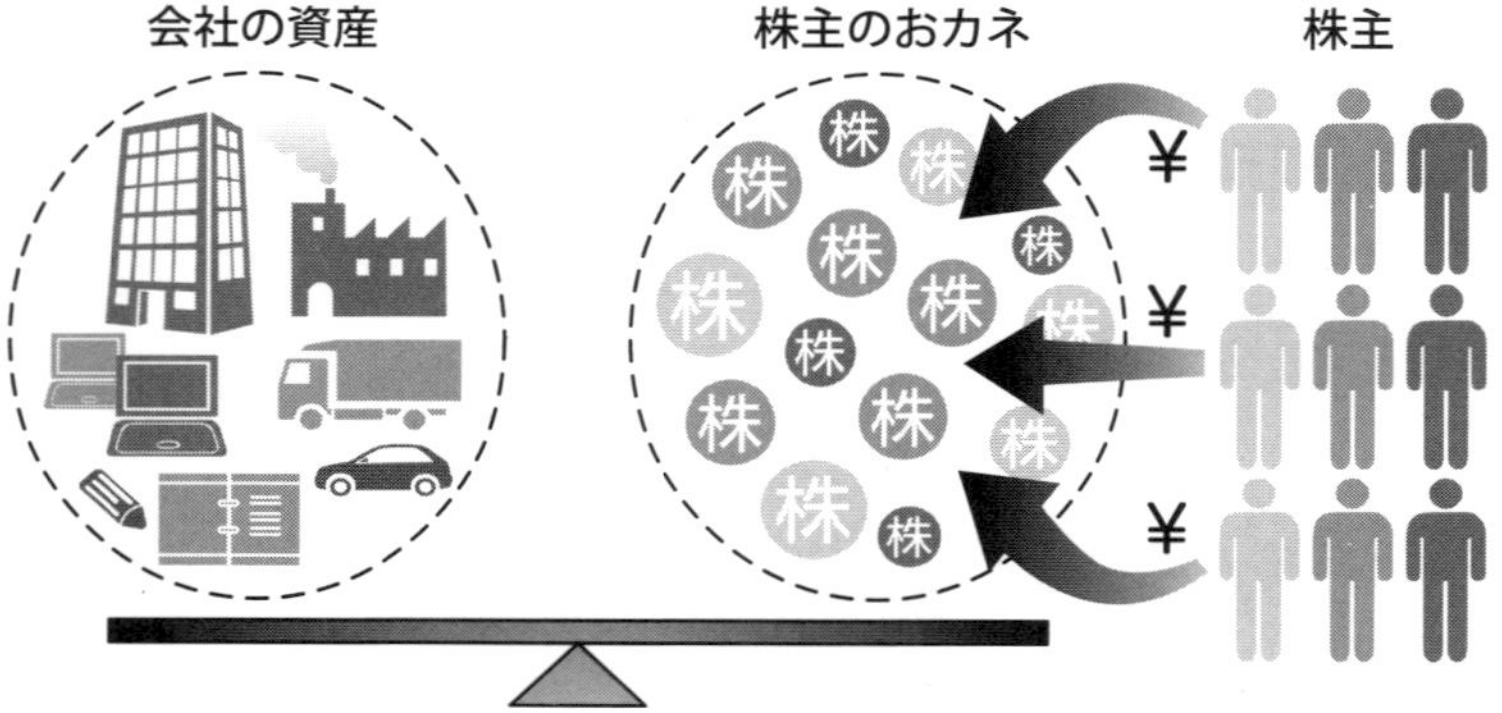

欲しいわよね。

お父さん　たくさんの人が出資したおカネで会社はビジネスに必要な財産を買う。この財産は『**資産**』と呼ばれる。言いかえれば出資をした人は会社のなかに自分の持分を持つことになる。もちろん、工場のこの設備は誰のもの、この机は誰のものというように分けることはできない。会社の財産全部の金額を細かく分けて、出資をした人たちは出してるおカネの金額に応じて会社の資産を持つということだ。その持っているというしるしがさっき言ったように『**株式**』だ。ただ、『**株**』と省略して言うことも多い。

お母さん　そして、株式を持っている人が株主ね。

真央ちゃん　そうか、いままで『株』って聞いたことあったけどそういうことなのか。要するに株主になると出したおカネの分だけ、会社の資産を持つということなのね。

真央ちゃんのひとり言

会社が事業をするためには財産が必要だ。そして、財産を持つためにはおカネがいる。そのおカネはたくさんの人が出している。それを出資という。会社はその財産を使って利益を上げる。株式会社というのは、その利益を出資したおカネに応じて分配する仕組みだそうだ。出資をしている人は、その金額に相当する分、会社の財産を持っている。持っているという「しるし」が株式だ。株式会社は1600年ごろからの歴史があると聞いてびっくりした。

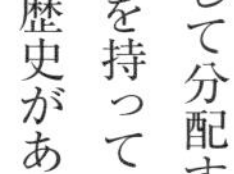

第3課　もっとおカネが必要になったら？

お父さんの声が家中に響く。

お父さん　おーい、マネーレッスンをするぞー。

かなり、気合が入っている。お母さんもエプロンで手を拭きながらキッチンからでてきた。私も読みかけの本を置いてリビングへ。

真央ちゃん　お父さん、今日はどんな話？

お父さん　うん、前回は出資ということと、株式とか、株主になることの話をしたよね。今日はその話を少し延長しよう。おカネを持ってる人が出資して株主になる。そうして集まったおカネで事業を行う。ここまではいいね。今回は、事業が順調に成長して、もっとビジネスを大きくしようと思った場合を考えたい。その場合、何が必要かな。

真央ちゃん　工場を大きくしたり、工場をもっと増やしたりすることが必要だわ。そうすればもっとお菓子がたくさん作れる。

お母さん　工場を作るのもいいけど、そのためには材料ももっと必要だわ。それから人もたくさん雇わなければならない。

お父さん　そう、そのとおりだ。そのためには何がいる？

真央ちゃん　おカネ！

お父さん　そうだ。おカネがもっと必要だ。では、どうしたらもっと、事業に注ぎ込むおカネを増やすことができるかな。

真央ちゃん　だって、事業をして儲けたらそのおカネを使えばいいんじゃないの？

お父さん　それはそのとおり。でも、成長をしようとすると、稼いだおカネだけでは十分でないこともある。成長期の子供のようなものだ。

　要するに私におカネがかかるってことを言ってるのかな。

お母さん　もっとおカネが必要なら、新しく株主になる人を連れてきて出資してもらうよりしょうがないわよね。

お父さん　そうだね。株式を持ってくれる人を増やすのも重要な手段だ。でも、覚えているだろう。もし、ビジネスが失敗したら、株主が出資したおカネは減ってしまったりなくなってしまうかもしれないってことを。損してもいいというおカネを出してくれる人がどんどん集まればいいけれど、それが限界になったらどうする？

真央ちゃん＋お母さん　・・・・

お母さん　そのときはおカネを出資してもらうのではなく、おカネを借りてくるわ。いつまでに金利をつけてお返ししますって約束して。それなら、出資よりは安全じゃないの？

お父さん　そう。株式に出資してくれというと、うまくいけば儲かるけど、大きく損をすることもある。しかし、おカネを貸した場合なら、まだ、安全だと言える。

お母さん　その代わり、どんなに儲かっても、決まった金利しかもらえないということね。

真央ちゃん　そうか、株主になってビジネスがうまくいったら、儲かる。しかし、おカネを貸した場合は、うまくいっても決まった金額しかもらえない。その代わり、ビジネスがうまく行かなくても会社がつぶれない限り、約束したおカネはもらえる。そういうことね。

お母さん　真央ちゃん、あなた、随分、良く理解してるわねえ。もしかしたら、大きくなったらおカネに関係した仕事をするかもしれないわね。

　だいたい、次のひと言はわかっている。予想どおり、お母さんが言った。

お母さん　だからいまのうちからしっかり勉強しておきなさい。将来、希望する会社に勤め

金利の仕組み

られるようにね。

真央ちゃん　『**金利**』ってよく聞く言葉だけどもう少し教えて？

お母さん　金利っていうのはね、『**利子**』とか『**利息**』とも言うんだけど、おカネを借りてきたときのお礼のようなものよ。普通は毎年、前もって決めた額を払うの。つまり、真央ちゃんがいま、１万円持ってるとするでしょう。お母さんが１万円の何かを買いたいけど、いまはおカネがない。そうすると真央ちゃんのところに行って、悪いけど、１万円を貸してくれないって聞くわけよ。

真央ちゃん　でも、私だっておこづかいの使い道を考えてるから、それはこまるわ。

お母さん　これは例え話よ。『じゃあ、１年間、１万円貸してくれたら、１年後に５００円付けて返すわ』と言ったらどうする？

真央ちゃん　５００円だったら、欲しいものを買いたいわ。

お母さん　うーん、それじゃあ、１０００円ならどう？

これはちょっと迷うな。まあ、いろいろ、世話になってるお母さんだから１０００円でいいか。

真央ちゃん　いいわ、１０００円くれるなら1万円貸すわ。

お母さん　そう、その１０００円が金利なのよ。

お父さん　つまり、真央がいま使いたい1万円を人のために貸してあげると、借りた人は感謝を込めて余分におカネを支払うわけだ。これが金利。真央は５００円じゃいやだと言ったけど、１０００円ならいいと言った。真央がいま、1万円をお母さんのために用立てると、おカネは自分の手元を離れてしばらくは自分のところに帰ってこない。それはさびしい。我慢しなければならない。

真央ちゃん　そう、さびしいわ。

お父さん　それを補う金額が５００円じゃいやだけど１０００円だったら我慢できるというわけだね。それが金利だ。借金は1年とは限らない。例えば、毎年、金利を払って、5年目に借りた金額も返すなどというやり方なんかもある。お母さん、この辺で今日の話をまとめておいてくれるかい？

お母さん　いいわよ。つまり、会社はたくさんの資産を持って仕事をしているわね。そのためにはおカネが必要よね。そのおカネは株主のおカネと借りてきたおカネの2種類がある。おカネを借りた場合は、前もって決まった条件で金利を払い、期限が来たら返済しなければならない。その点では、安全ね。でも、決まった額しかもらえない。株主はいくらもらえるかはわからないけど、儲かれば大きい。そういうことでしょう。

お父さん　そうだね。今日はこのぐらいでいいだろう。あんまりどんどん進むと真央の頭がパニックになるといけない。

真央ちゃんのひとり言

会社の財産は資産と呼ばれる。事業を大きくするには大きな資産がいる。つまり、おカネがもっといる。会社が資産を持つために必要なおカネは、株主のおカネと借りてきたおカネに分類される。借りてきたおカネには金利を払う。金利はおカネを貸してくれた人に対する感謝のしるしだ。おカネを貸している人は一定の金利を受けとるが株主の儲けはどうなるかわからない。

第4課　会社がおカネを借りる2つの方法

前回、会社は株主のおカネでできているけど、もっとおカネがたくさん必要になったら誰かから借りてくるということを学んだ。その時に、貸してくれる人に支払うのが金利だ。金利は利息とか、利子とも呼ばれているという。

今日のマネーレッスンはおカネを借りるところから始まった。

真央ちゃん　ねえ、おカネを誰かから借りるといっても、いったい誰から借りるの？

お父さん　そう、その質問がくるといいなと思っていた。非常におおまかにいうとおカネを借りるのには2通りの方法がある。**銀行から借りる方法**と、**債券というものを発行する方法**だ。まず、銀行からおカネを借りる方法の話をしよう。

私はちょっと驚いた。

真央ちゃん　銀行っておカネを貸してくれるの？　おカネを預けるところだと思ってた。

お父さん　アハハ、それはもっともな疑問かもしれない。でも、よく考えてごらん。みんながおカネを預けても、銀行がそのおカネを働かさなければ金利も払えないじゃないか。つまり、その働かすということが、おカネを貸すということだ。銀行の仕事は真央のようなたくさんの人たちの預金をまとめておカネを必要とする会社や、家を買ったりするためにおカネを必要としている個人に貸すんだ。

真央ちゃん　あ、そうか。そりゃあそうね。おカネだけ預かっていても金利は払えないものね。

お父さん　そう。ある会社に銀行はおカネを貸すとする。そうすると、会社は銀行に金利を払う。銀行はもらったおカネの一部を預金をしてくれている人に金利として支払う。

真央ちゃん　もし、銀行がおカネを貸した会社がつぶれちゃったらどうなるの？

銀行に預けたおカネの流れ

お父さん　いい質問だ。そのときでも銀行はみんなから預かっている預金はちゃんと返さなければならない。だから、銀行がおカネを貸すときは非常に厳格に審査をして貸す。万一、貸した会社がつぶれてしまうと、おカネが戻ってこない。それでも、預金をしてくれている人のおカネは返さなければならない。

真央ちゃん　じゃあ、銀行が貸したおカネがどうなろうと、私たちのおカネは安全ってわけね。

お父さん　それは正しいともいえるし、間違っているともいえる。正しいというのは、おカネを貸した会社が倒産しても、銀行は預金者が引き出しにきたらちゃんとおカネを渡さなければならない。間違っているというのは、もし、たくさんの企業が倒産して、大量のおカネが返ってこなくなったときのことだ。その場合には銀行そのものが危なくなる。まあ、真央の預金ぐらいはちゃんと守られるようになっているけど、銀行そのものがつぶれてしまったら預金だって安全だとはいえない。

真央ちゃん　私が銀行に預金するとき、私のおカネをどの会社に貸して欲しいということは言えるの？

お父さん　それはできない。そこで、おカネを借りるときの２つ目の方法の話になるんだ。真央は借用証書って知っているかい？

真央ちゃん　おカネを借りるときに書く書類？

お父さん　よく知ってるね。おカネを借りるときに、『いくら借ります。いつまでに返します、金利はいくら払います』というようなことを書類にするんだ。２つ目のおカネを借りる方法は、会社が発行する借用証書を受け取り代わりにおカネを貸すという方法なんだ。

真央ちゃん　その方法だと、自分でどの会社におカネを貸すか選べるわけね。

お父さん　その通り。その代わり、万一、その会社が倒産したりするとそのおカネは返ってこない恐れもある。

お母さん　つまり、銀行預金だったら間に銀行が入っているから、銀行が大丈夫な限り預金は安全だけど、自分で選んでおカネを貸すときは、その会社が駄目になったらそのおカネが戻ってこない可能性があるということなのね。

真央ちゃん　うーん、どっちも、どっちね。

お父さん　このような借用証書は債券と呼ばれる。会社は債券を発行してたくさんの投資家に買ってもらう。だから、債券を買うということは会社におカネを貸しているのと同じなんだ。

株主のおカネと借りてきたおカネでできている会社

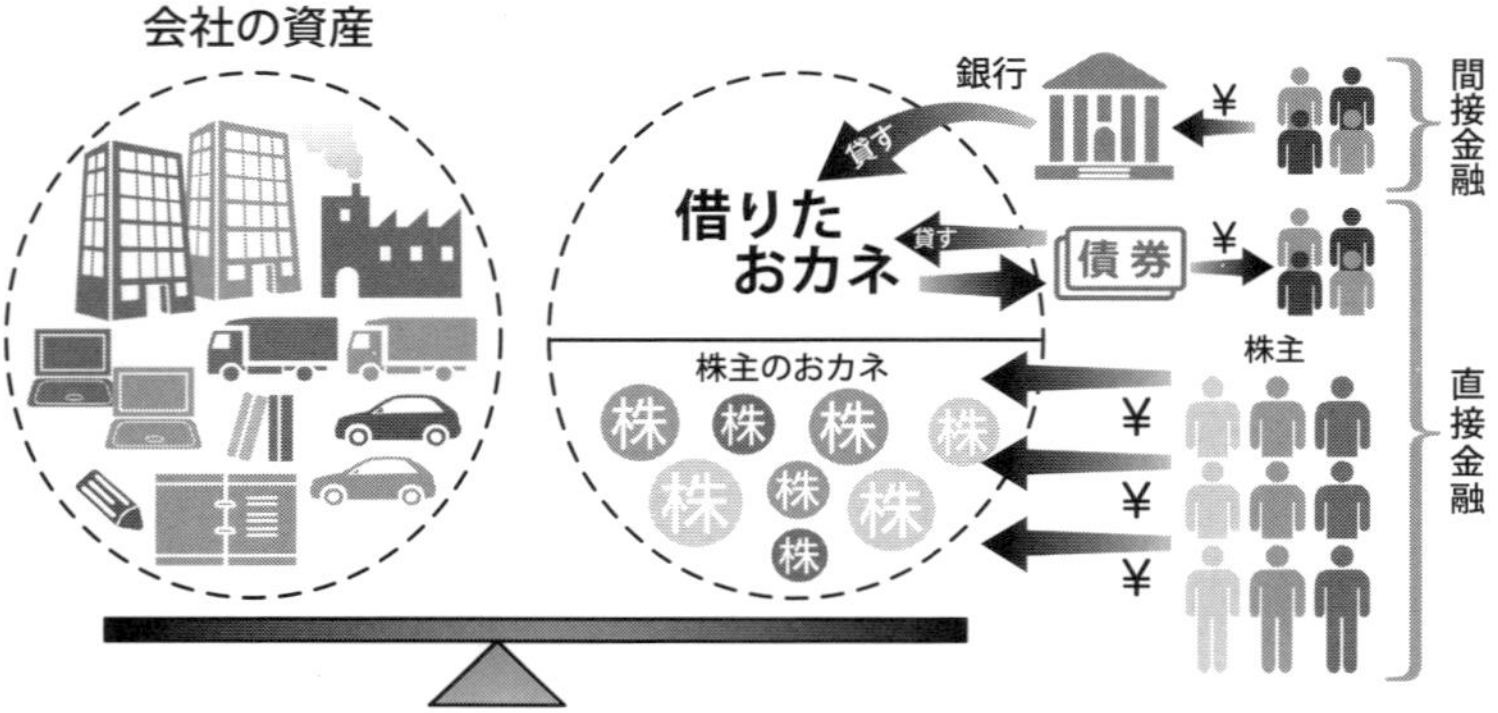

真央ちゃん　あ、そうか。債券を買うということは、借用証書を持つということだからおカネを貸しているということになるわけね。

お父さん　債券を買うときは自分で自分のおカネの行先を決めているだろう。株式に出資するときだってそうだ。どの会社の株式を買うかを自分で選んでいる。これをちょっと難しい言葉で、『**直接金融**』っていうんだ。一方、銀行を通して銀行に貸出先を選んでもらうのが『**間接金融**』だ。間接金融の場合は、銀行が間に入ってくれているから、仮におカネを貸した会社がつぶれても銀行が大丈夫なら預金は安全。株や債券など、直接金融では会社が破産したら紙くずになってしまうかもしれない。

真央ちゃん　じゃあ、間接金融で銀行に預けた方がいいんじゃないの？

お父さん　そうともいえない。まず、銀行はおカネを貸した先から金利をとり、その金利の一部を自分のものにして、残りを預金をしてくれている人への金利として払う。だから当然、受け取れる額は低くなる。もう1つは、やっぱり、自分のおカネを用立てるのであれば、自分が応援したい会社に使ってもらいたいということだ。

真央ちゃん　それは、何かすごくわかるわ。

本当にそう思う。やっぱり、大事なおカネだから自分の好きな会社に使ってもらいたい。

お母さん　日本ではずっと銀行の力が強く、間接金融が中心だったんでしょう。

お父さん　そのとおり。でも、１９９０年のバブル崩壊以降、銀行が間に入るだけの体力がなくなってきて、世の中はだんだん直接金融に移りつつあるんだ。これからおカネをめぐる世界はとっても大きな変化をすると思うよ。そして、おカネのことを勉強することも重要になってくる。おカネや投資の知識が、コンビニで買い物するとき必要な知識と同じぐらい必要になってくる。だから、マネーレッスンも意味があるというわけだ。

確かにマネーレッスンが始まってから、おカネがすごく身近なものに思えるようになってきた。私もいつか、コンビニで買い物をするように、毎日の生活の一部としておカネや投資と付き合っていきたいなと思った。

真央ちゃんのひとり言

会社がおカネを借りるときは、銀行から借りる方法と、債券と呼ばれる借用証書を発行する方法の２つがある。私が銀行に預金したおカネは銀行がどこかの企業に貸している。これを間接金融という。債券や株式に投資するときは自分で会社を選ぶ。だから直接金融というそうだ。間接金融の場合、銀行が貸した先がつぶれても、銀行がつぶれない限り私の預金は安全。直接金融だと株式や債券を発行している会社がおかしくなると私のおカネも危なくなる。でも、自分で自分のおカネの使い道を選べるという良い点もある。

第5課　会社の収益はどうなるの

今週もまた、マネーレッスンの時間だ。最近はちょっと楽しみになっている。やっぱり、新しいことを勉強できるのはうれしい。そういえば、こんなに勉強が楽しみというのもいままでなかった経験だ。私って、もしかしたら本当におカネに関係した仕事をすることになるかもしれない・・・。お母さんも証券会社にいたし、私のＤＮＡはおカネの仕事が好きなのかも。

お父さん　さあ、今日は会社とおカネの話をしよう。会社はたくさんの財産を持っているね。

それを資産と呼ぶのは覚えているね。

真央ちゃん　うん、覚えているわ。

お父さん　そして、その資産を持つためにはおカネが必要だ。そのおカネには2種類ある。ひとつが株主のおカネ、もうひとつが借りてきたおカネだ。借りてきたおカネは債務とか、負債という。銀行から借りたり、債券によって集めたおカネだね。これらは、あらかじめ決められた条件で金利を払い、期日が来たら返さなければならない。

真央ちゃん　その話もわかるわ。

お父さん　仮に、会社が全部の資産を売ってしまったとする。でも、いくらで売れようとその現金のうち、借りているおカネは返さなければならない。そして、そのあと、手元に残ったおカネが株主の持っているおカネだ。これを**株主資本**というんだ。

お母さん　じゃあ、『残りもの』が株主のものだというわけね。

お父さん　そうだね。会社は資産が必要だ。その資産を持つためのおカネとして負債と株主資本がある。負債と株主資本を合計したものが資産と等しくなる。

真央ちゃん　なんだか難しくなってきたなあ。

お母さん　あら、そうでもないわよ。うちだってこのマンションを買う時に頭金とローンで買ったわ。頭金は自分のおカネだから株主資本、ローンは負債。マンションの価値が資産というわけね。もし、うちが引っ越しをしなければならなくなり、このマンションを売るとしたら、売却代金からローンの残りを返さなければならないでしょう？　それでもおカネが残ればそれはうちのおカネよ。これが株主資本。

お父さん　さてと、会社は資産を使って商売をする。わかりやすく、屋台のラーメン屋さんを考えてみよう。屋台のラーメン屋さんはどんな資産が必要かな？

真央ちゃん　やっぱり、屋台そのものよね。それから、大きなお鍋や、どんぶり、おはし、水をだすときのコップ・・・

お父さん　よく知ってるね。それらのものを自分のおカネ半分と、借りてきたおカネ半分で買ったとしよう。そしてラーメン屋さんを始めた。幸いなことに友達がブログに「おいしいラーメン屋台が出現！」などと書いてくれ、その屋台に行列ができて、たくさんのラーメンが売れた。でも、売れた金額が全部、利益じゃないね。

お母さん　そりゃ、そうよ。メンやスープのダシ、具なんかの材料費がかかるわ。

お父さん　そうだよね。売れた金額を**売上**っていうんだ。それから、材料費なんかを総称して、**経費**という。経費にもいろいろな区分があるのだけど、まあ、いいだろう。つまり、事業するのにはおカネがかかる。その経費を除いたのが**利益**だ。

真央ちゃん　それもわかるわ。

お父さん　ここからが大切なところだ。さっきおカネを借りている人には金利を払わなければならないと言ったね。

真央ちゃん　うん。

お父さん　その**金利**も**経費**なんだ。

お母さん　あ、そうか。メンやダシのもとやチャーシューを仕入れるのと同じようにラーメン屋さんをしているとかかる費用だというわけね。

お父さん　そのとおり。さらに、売上から金利を含めた経費を引いた利益の一部は税金としてお国に払わなければならない。そして、税金を払った残りが**当期利益**といってその期間に稼いだ本当の利益だというわけだ。

真央ちゃん　要するにその年の儲けね。その当期利益はどうなっちゃうの？

お父さん　まず、社長などの経営者に支払われる役員賞与、つまり経営者のボーナスだな、これは当期利益から支払われる。そして、残りが株主のものになる。

真央ちゃん　あ、じゃあ、やっぱり株主は残りものを手に入れるんだ。

お父さん　まあ、そういうことだな。株主は、自分たちの利益の一部を現金でもらう。これを**配当金**というんだ。そして、残りを株主資本の追加分として会社に貯めておく。これを**内部留保**という。そうすると株主資本が大きくなる。そして、事業も拡大できる。経営者にいくら払い、配当金をいくらにするか、そして、いくらを会社に残しておくかは、株主が総会を開いてみんなで決める。こうして会社は経営されているんだよ。

お母さん　結構、複雑なのね。

売上と利益

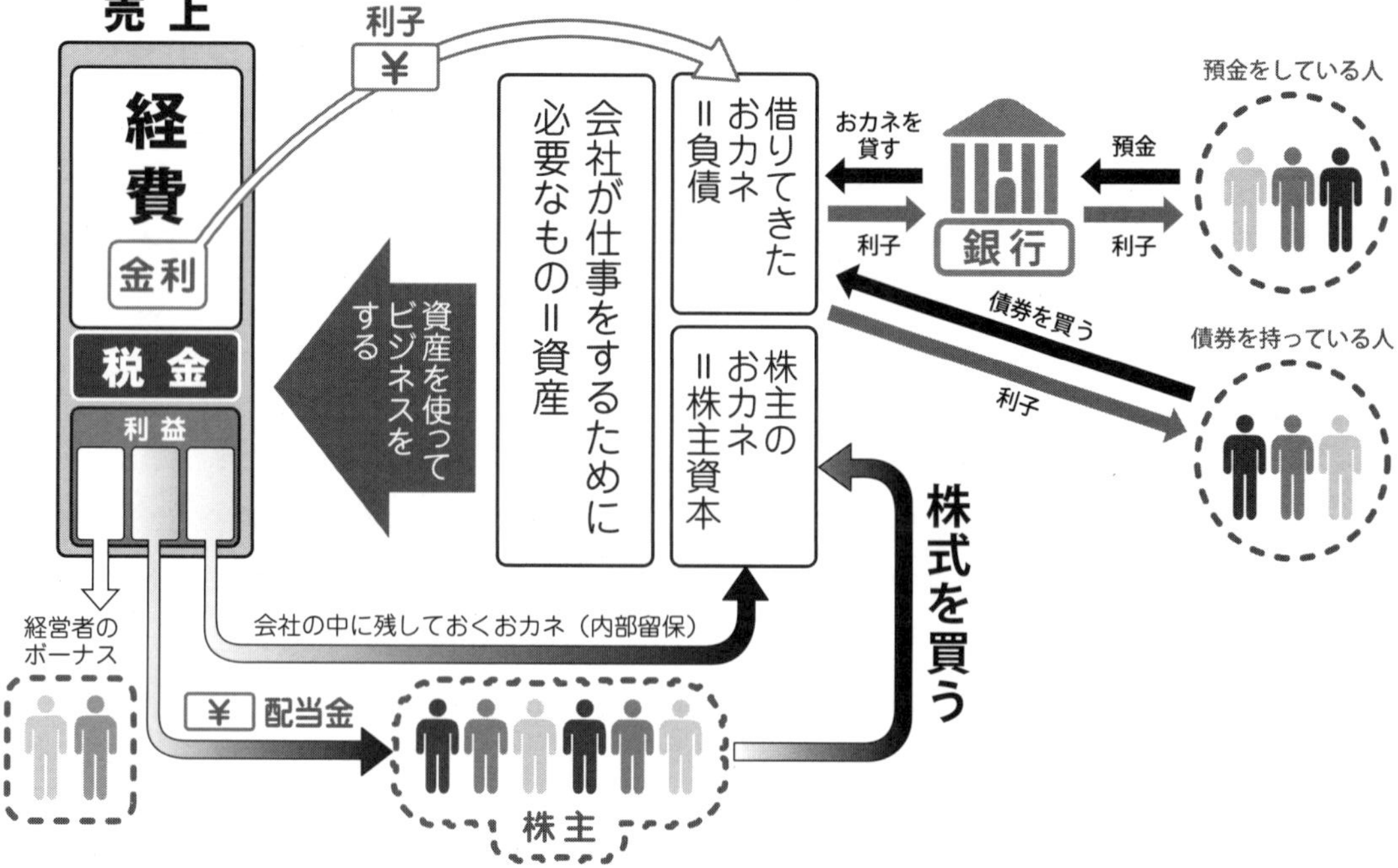

売上
経費
金利
税金
利益
利子
¥
会社が仕事をするために必要なもの＝資産
資産を使ってビジネスをする
借りてきたおカネ＝負債
株主のおカネ＝株主資本
おカネを貸す
利子
銀行
預金
利子
預金をしている人
債券を買う
利子
債券を持っている人
株式を買う
会社の中に残しておくおカネ（内部留保）
経営者のボーナス
¥
配当金
株主

真央ちゃん　でも、難しく考えなければとっても当たり前のことのような気もするわ。

お父さん　そうだよね。株式会社のこの制度は東インド会社の時代から時間をかけて作り上げられてきたものだ。だからとてもうまくできている。株主が会社のなかに残している資産は明確に株主のものだし、株主として、会社の大きな方針の決定にも参加できるようになっている。重要なのは、株主の意向を受けて経営をする人たちだ。彼らと株主が同じ志を持っている会社ほど良い会社だといえるだろうね。

正直、ちょっと難しいけれど、まあ、そのうちわかるだろうと気楽に考えることにした。

真央ちゃんのひとり言

会社の資産から借りたおカネ（負債）を返した残りが株主が持っている資産で、それを株主資本という。商品が売れて手に入ったおカネを売上という。それから経費を引いた残りがその年の会社の利益になる。おカネを借りている人に払う金利も経費だそうだ。利益から経営者のボーナスを払った残りが株主のもの。株主は一部を配当金としておカネでもらい、残りは会社に貯めておく。

第3章 投資ってなに？

第1課 将来のためにいま我慢すること

お父さん さて、今日から『投資』について勉強だ。投資とは何か。資金を投げるのだから、おカネを手放すことだというのはわかるだろう。おカネを手放すといっても、ただ、おカネを使ってしまうのでは投資にはならないんだ。

お母さん 例えば、おカネを払っておいしいものを食べた。これは投資じゃないわね。

お父さん そう、それは使ってしまうこと。つまり、『消費』だね。消費というのは、おカネと交換に何かを得て「いまの」満足を得ること。では、投資とは何か。真央はわかるかな？

真央ちゃん うーん。難しいわね。

お父さん じゃあ、お母さんはわかる？

お母さん そうねえ。あまりはっきりはわからないけど、何か投資っていうと将来に何かが返ってくるもののような気がするわ。

お父さん　おお、そうだね。さすがお母さん。いいポイントだね。

お母さん　例えば、いま、おカネがあるけど、それでブランド・バッグを買うのではなくて、何か別のことに使うとか・・・

真央ちゃん　私はあんまり考えたことないからわからないわ。

お父さん　無理もないね。例えば、あるところに会社がある。その会社は世の中のために良いことをしている。そして、その仕事をもっと拡大したい。でもおカネがいる。そんな時にどうするんだったっけ？

真央ちゃん　おカネがもっと必要になったら会社は人から借りるか、株主に出資してもらうかという2つの方法があるって聞いたわ。

お父さん　そう、だったらわかるだろう？　真央はおカネを持っている。一方、おカネを必要とする会社がある。さあ、どうする。

真央ちゃん　私のおカネがその会社に行くようにすればいいわ。でも、会社が必要とするおカネってものすごい金額でしょう。私のおカネなんて役に立たないわ。

お父さん　おっと。会社の仕組みのところで話しただろう？　会社の資産全体から借金を全部返して残ったものが株主資本だということを。そしてそれをうんと細かく分けたものが株式だって。確かに真央のおこづかいで簡単に買えるほどではないけれど、細かく分けてるから、ある程度のおカネがあればそんなに難しくなく買えるんだ。そうやって会社はたくさんの人たちに株主になってもらって大量のおカネを集めることができる。1人ずつのおカネはそれほど大きくなくてもね。

お母さん　そうやって会社の株式を買うことを株式投資というわけね。私も証券会社にいたけど、あんまりそんなこと考えなかったわ。毎日、お店にあった大きな株価ボードの数字が変化しているのを見ながら株式を売買するのが株式投資なんだと思っていた。このマネーレッスンでやっと世の中と会社と株式投資の関係が少しわかったわ。

お父さん　株式投資というと、株価の動きにばっかり目が行くけれど、本当はもっと大切なことがある。それがわかってるのと、わからないのとでは大きな違いがでてくるんだよ。

真央ちゃん　何となく会社の仕組みと投資の関係が少しわかった気がするわ。

お父さん　ここで大切なことは、本当は自分がいま使いたいおカネを、我慢して、会社の株主になって、その会社に自分の代わりに世の中のためになることをしてもらう。会社はお客に感謝されて、収益を得て、その収益の一部が株主のものとして戻ってくる。つまり、真央のおカネが、真央の選んだ会社で有効に使われて収益を生む、そして、その利益の一部が真央のものになるということだ。投資をしてから利益を得るまでには時間がかかる。**投資とは時間を使って収益を得ること**なんだ。言いかえれば将来のためにいま我慢することだ。

真央ちゃん　私のおカネが、投資した会社を通して世の中のために働いてくれるなんてすて

株式投資ということ

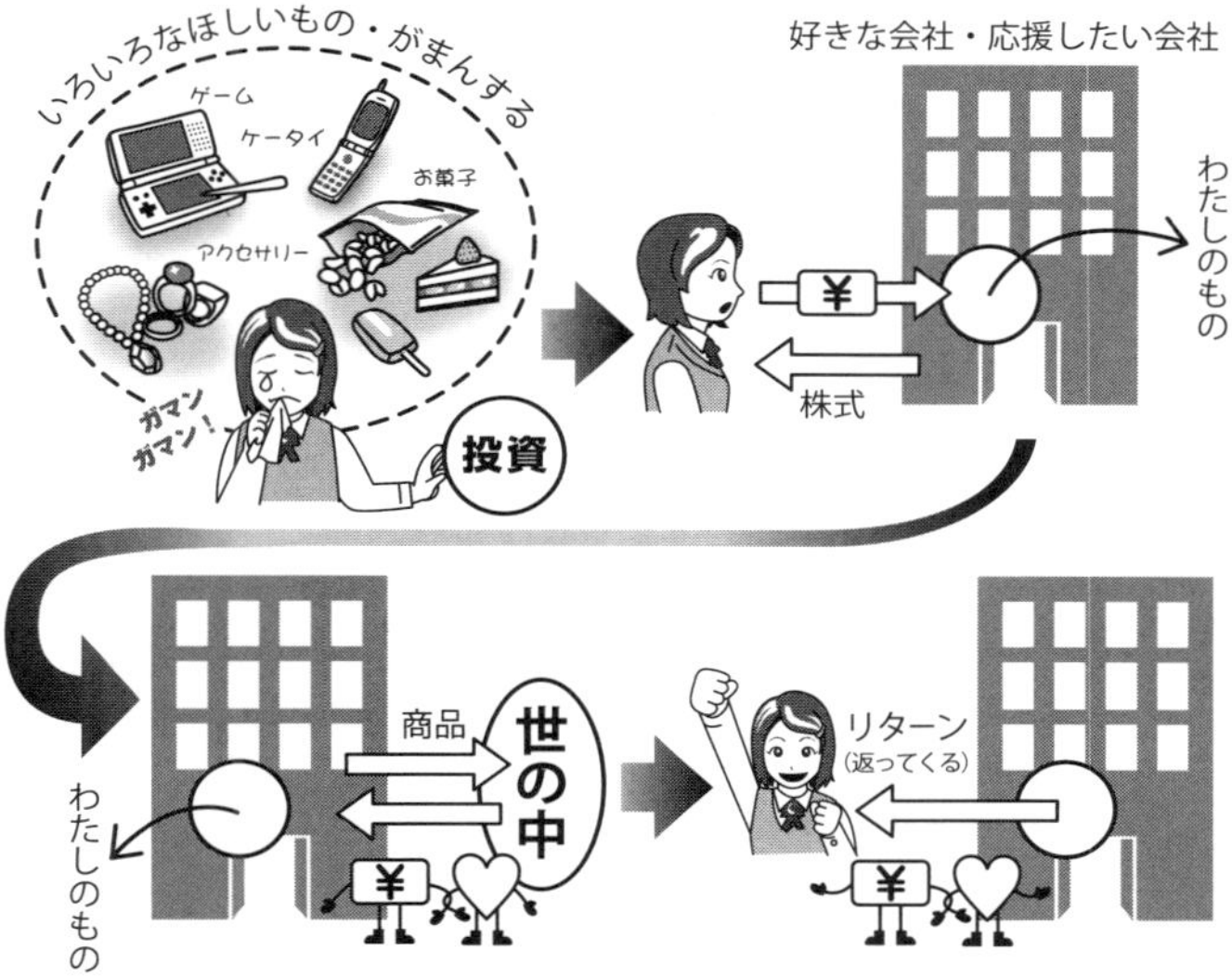

きね。

お父さん　投資で得るものは、会社が稼いでくれた利益だけじゃない。自分のおカネが役立っているという満足感もあるんだ。ただ、ここで大切なことは投資をしてから、投資で収益が上がるまでには時間がかかるということだ。この時間というものが投資ではとても重要なんだよ。

お母さん　そうね、時間が長いほど我慢をする期間が長いものね。

お父さん　それがポイントだよ。投資というのは、要するに将来、良い結果や満足を得るためにいま、我慢するということだ。それを知ることが投資を理解する第一歩なんだよ。

　やっと待ちに待った投資に話が入ってきたので少しワクワクする。

真央ちゃんのひとり言

おカネを何かと交換して「いまの喜び」を得るのが消費、「将来の喜び」を得るのが投資だ。自分の大切なおカネを、いま、使わずに投資して、会社の株主になる。私の代わりに、その会社に世の中のためになることをしてもらう。そして、会社の利益の一部を投資の収益として受け取る。投資をするって、私のおカネが投資先の会社で働いて、よい社会づくりに参加することなんだな。これは新しい発見。

第2課　複利ということ

マネーレッスン「投資編」の第2回目だ。投資っていうと『売ったり、買ったり』っていうイメージを何となく持っていたけど、どうも、その前に学ばなければならないことがたくさんあるようだ。本当は早く売買などの勉強もしたいのだけど、まあ、ここは我慢。そういえば、お父さんは我慢が投資だというようなことを言っていたっけ。そうすると、こうやって我慢しているのも投資なのかな。そんなことを思いつつまた、マネーレッスンの時間がきた。

お父さん　前回は、おカネの使い方には消費と投資がある。消費というのは、おカネを使って、いまの満足を得ること。投資というのは、将来、良い結果や満足を得るためにいま、我慢することだということを学んだね。

真央ちゃん　それはわかったわ。

お父さん　大切なことは投資をする今という時と、良い結果や満足を得る将来のその時の間には時間があるということだ。

お母さん　そりゃあそうよね。ブランド・バッグを買えばすぐにうれしいけど、良い企業に投資をして、その企業が世の中のためになることをして、みんなに感謝されておカネを受け取り、それが私たちの手元にくるまでにはずいぶん時間がかかるわ。

お父さん　それはそのとおりだ。投資では「時間」というものがとても大切なんだ。お母さん、真央に**単利**と**複利**の違いを教えてあげてくれるかい。

お母さん　まかせておいてちょうだい。まず、金利について復習しておきましょう。おカネを貸すと、貸した人は、自分はそのおカネを使えないわよね。だから、我慢しなければならない。借りた人は、自分ではおカネを持っていなくても使える。そして、前もって約束しておいた日がきたら、借り賃をお礼として払う。これが金利。

真央ちゃん　借り賃も感謝のしるしね。

お母さん　前に、もし、私が真央ちゃんから1万円借りるとしたら、年500円の金利じゃ嫌だけど１０００円なら貸してくれると言ったわね。いま、話をすごく単純にするために１年間に金利が10％あるとしましょうか。いまの日本ではこんな高い金利は得られないけどね。いま、真央ちゃんが1万円持っているとして、お母さんに1万円貸してくれるとするでしょ。そうすると1年後にいくら真央ちゃんの手元に戻ってくる？

真央ちゃん　1万１０００円でしょ。

お母さん　そのとおり。１０００円儲かったわね。じゃ、その１０００円をどうする？

真央ちゃん　えー、わかんないけど、まあ、雑誌とお菓子と、何か好きなもの買うわ。

お母さん　ところで、お母さんがもう1回1万円借りたいと言ったらどうする？

真央ちゃん　いいわ、また、１年間１００００円で貸すわ。

お母さん　そうすると2年後にまた、１万１０００円がくるわね。その１０００円はどうするの？

真央ちゃん　わからないけど使うわ。

お母さん　例えば、10年間これを続けると、10年後に真央ちゃんの手元にはいくらあるの？

真央ちゃん　1万円でしょ。でも、１０００円を10回もらって、それを使ったから満足よ。

お母さん　でも、もし、1年目の終わりにお母さんが1万円じゃなくて1万１０００円借りたいといったらどうかしら。金利は１０００円じゃ嫌よね。だって貸してるおカネが多くなってるんだもの。こうなると１０００円という金額で金利を見るよりパーセントで見た方が便利ね。金利は普通、パーセントで表示するの。１万円に対して１０００円なら10%。だから、２年目のはじめに１万１０００円、お母さんが借りたら、２年目の終わりにお母さんが真央ちゃんに払う金利はいくらかしら。はい、ここに電卓があるわ。

真央ちゃん　えー。ずいぶん準備がいいわねえ。１万１０００円の10%だから１１００円じゃないの。別に電卓なんかいらないわよ。そうすると２年目の終わりにお母さんが私に払うのは１万１０００円プラス１１００円で１万２１００円となる。

お母さん　これは失礼。では、３年目のはじめにお母さんが、また、金利10%で１万２１００円借りたいとしたらどう?

真央ちゃん　確かにだんだん、難しくなるわね。ちょっと電卓貸して。

お父さん　ほら見ろ。

真央ちゃん　うるさいわね。静かにしてよ。えーと、１万２１００円の10%だから、１２１０円。これを１万２１００円に足すから１万３３１０円。

お母さん　そう、ではそれを10年目までやってみてくれる。

真央ちゃん　えー、10年。ちょっと待っててね。できたわ!　２万５９３７・４２４６円。

お母さん　まあ、小数点以下はいいわ。２万５９３７円。もし、真央ちゃんが毎年、１０００円ずつ使わないで、それを同じ条件でお母さんに貸してくれてたら、１万円がほとんど２・６倍になるのよ。

複利の威力

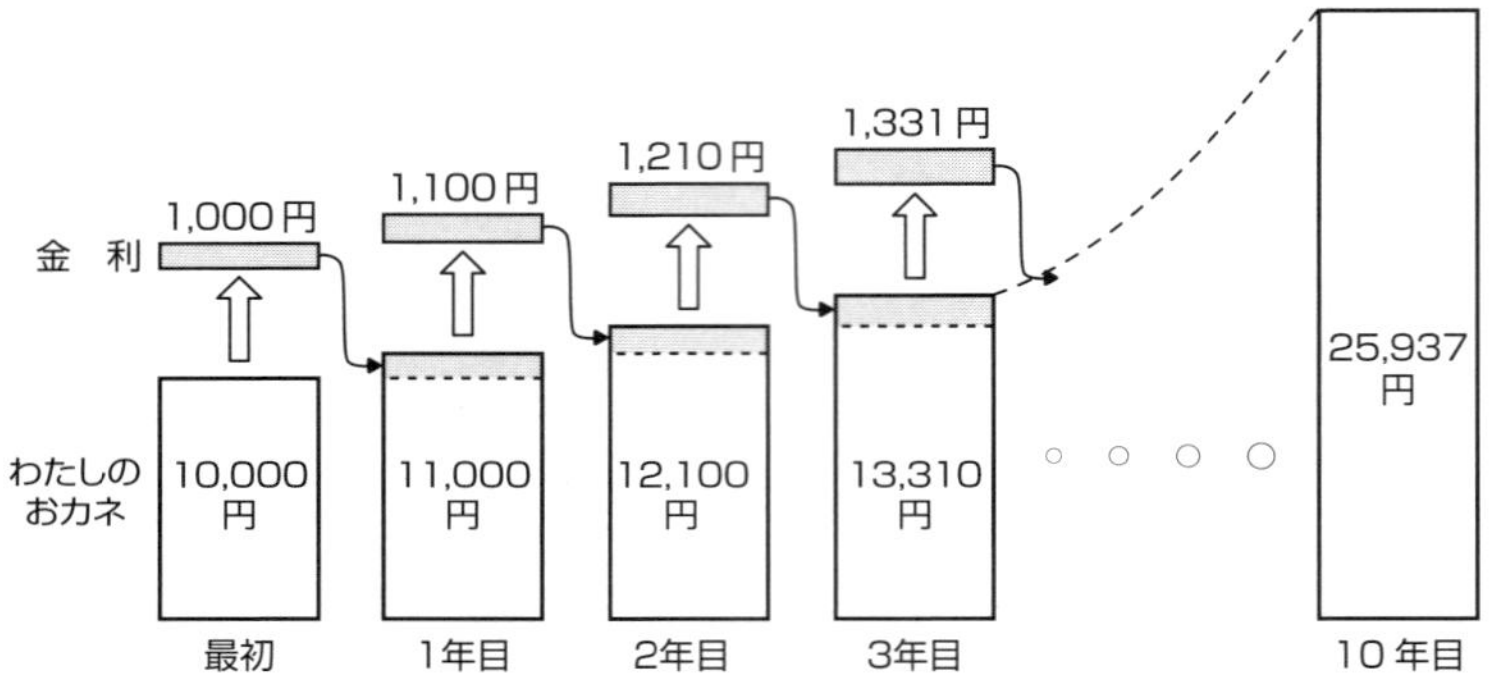

真央ちゃん　あ、なるほど。つまり、毎年１０００円ずつ使いたいのを我慢して投資をしていたらその分も利益を生んでくれるというわけね。金利が金利を稼いでくれるわけね。

お母さん　そう、最初の１万円が親だとするでしょ。１０００円の金利は子供のようなものよ。次の年は親と一緒に子供も金利を稼いでくれる。次の年は孫も稼ぐのに参加する、その次はひ孫ってね。ずっとこれが続くとものすごい勢いで増えるのよ。こうやって生まれてきた金利も合わせて働かせるのを複利っていうの。反対に毎年、使ってしまうのを単利。その差は、時間が長くなるほど大きくなるの。もし、単利で毎年１０００円ずつ使っていたら10年で金利が合計１万円、それに最初の１万円があるから合計２万円よね。５９３７円も差がつくわけ。

お父さん　そのとおりだ。**期間が長くなるほど、単利と複利の差はどんどん大きくなる。**それから、**最初は小さ**

4%の場合、最初の１万円がいくらになるか
10年後、1万4,802円 → 20年後、2万1,911円
→ 30年後 3万2,433円
5%の場合、最初の１万円がいくらになるか
10年後、1万6,288円 → 20年後、2万6,532円
→ 30年後 4万3,219円

な金利の差でも、年数がたつほど、金額に大きな差がつく。ちょっと、電卓を貸してごらん。ほら、見てごらん。いま、金利４％と５％の場合で計算してみたんだ。ここに結果を書いた紙があるから見てごらん。

真央ちゃん　わー、すごい！　１万円がすごく大きくなるのね。それから４％と５％なんてたいした差じゃないと思ってたけど、長期になるとすごい大きな差がつくのね。30年後のところを見てよ。３万円と４万円じゃない。

お父さん　複利の効果にはすごいものがある。例えばね、赤ちゃんが生まれたときに１００万円を投資して、毎年７％ちょっとの複利で投資したとすると、60代の中頃には1億円になっている。１００倍だよ。もちろん、毎年７％ちょっとずつを確実に稼ぐのは大変だけどね。ともかく、複利で投資すると、我慢する時間が長いほど、効果が大きいということだね。

お母さん　時間を味方につけるということなのよ。

　今日のマネーレッスンはちょっといままでと違った。急に電卓がでてきたときはちょっとびっくりしたけど、ともかく複利はす

ごい効果があるということがわかった。ちょっと頭が痛くなったけど、今日のマネーレッスンも面白かった。

真央ちゃんのひとり言

おカネを貸して金利をもらう。もらった金利を使ってしまい、いままでと同じ金額を投資しつづけるのを単利という。一方、その金利を使わずに、それも合わせてまた貸しだす。このようなやり方を複利というそうだ。そして、これを続ける期間が長いほど、複利は単利よりもずっと大きく成長する。最初はわずかな差に見えても長い間に大きな金額の差を生むのでびっくりした。

第3課　銀行に行ってみる

私はいま、これまでのお年玉やおこづかいを少しずつ貯めてきたので2万円のおカネを持っている。机の引き出しに大切にしまってある。しかし、こうして引き出しに入れておいてもちっとも増えない。やはり、貯金とか投資をしておカネを増やすことも考えなければいけないのかなと思う。特に、前回のマネーレッスンで勉強した複利の効果を利用すれば、大きく増やせるかもしれない。いまは夏休みなので銀行に行って話を聞いてみることにした。

真央ちゃん　ねえ、机にしまってあるおカネを銀行に入れようかと思うんだけど、私1人で銀行に行っても大丈夫かなあ。

お母さん　もちろん大丈夫よ。あなたお客様なんだから。

ちょっと緊張して駅の近くの銀行に入ってみる。番号札を取る機械の側でおばさんが、「どのようなご用件で」と聞かれる。

真央ちゃん　あのー、私、預金について知りたいんですけど。

普通預金		年0.040%
定期預金		
	1カ月	年0.100%
	3カ月	年0.100%
	1　年	年0.200%
	5　年	年0.350%
	10　年	年0.550%

おばさんはすっかりやさしい顔になり、「あ、ご新規ですね。この番号札を持ってソファーでお待ちください。番号が呼ばれたらカウンターの方へどうぞ」と言われた。ちょっと緊張したまま、ソファーでじっと待っていると番号を呼ばれた。カウンターのところに行くとお姉さんが立ちあがって挨拶をしてくれる。

真央ちゃん　あのー、私、おカネを預金したいんですけど、まず、金利や何かについて教えてもらいたいと思ってきたんです。

お姉さんはすぐに金利の一覧表を持ってきてくれた。それを指さしながら説明をしてくれた。

真央ちゃん　あのー、この普通預金っていつでも出し入れできる預金ですか？　それだと0・040％って、1万円預けると1年間で4円っていうことですか？

銀行員　そうです。もう少し金利の高いものがご希望でしたら、定期預金があります。こちらは途中で引き出したりすることは原則できません。その分、金利は高くなっています。例えば、1年だと0・2％ですから、1万円なら20円。5年なら35円、10年なら50円ずつ毎年、金利がつきます。

金利が0.55％として
2万円が増えていく様子

1年目の終わり	20,110円
2年目の終わり	20,220円
3年目の終わり	20,331円
4年目の終わり	20,443円
5年目の終わり	20,556円
6年目の終わり	20,669円
7年目の終わり	20,782円
8年目の終わり	20,897円
9年目の終わり	21,012円
10年目の終わり	21,127円

正直言って私はちょっと驚いた。金利ってこんなに低いんだ。これじゃあ、かなり長い間、我慢してもまとまったおカネにはならない。それから、もうひとつわかったことは、**預けることを約束する期間が長いほど、金利が高くなる**ということだ。やはり、我慢する期間が長くなるからだろう。当然、いつでも引き出せる普通預金は金利がほんとに少ない。

銀行から帰って家で、2万円を10年間の定期預金にした場合、複利でおカネがいくらに増えるかを計算してみた。
複利で運用しても10年で１１２７円しか増えない。これじゃ、あまりに少ない。何かもっと有利なおカネの増やし方を探さなければと悩んでお母さんに相談した。

お母さん　それじゃ、次のマネーレッスンでいろいろな投資について勉強してみましょうよ。

真央ちゃんのひとり言

銀行に行って預金の金利について話を聞いたけど、金利が低いのにびっくり！　預金は預けるのを約束する期間を長くすると、金利が少しは高くなることもわかった。でも、やっぱり、たいしたことない。何とか別の方法を考えなければ・・・。

第４課　債券と株式

真央ちゃん　お父さん、この間、銀行に行って預金のことを聞いてきたの。私は2万円を預金して、少しはまとまったおカネに増やしたいと思ったのだけど、10年間の定期預金を複利で預けても１１２７円しか増えないことがわかったの。私はもう少し増えるかと思ったのだけどがっかりだわ。何かもっと良いおカネの増やし方はないかしら。

お父さん　そうか。自分でいろいろなところに行って話を聞いてくるのはとても良いことだよ。結局、投資は自分の将来の問題だからね。人任せではいけない。自分で行動することが大切だ。

お母さん　でも、真央たちはかわいそうよね。私が真央ぐらいのときはもっと金利が高かったわ。お母さんが真央の年齢のころは、普通預金でも２～３％ぐらいあったと思うわ。２％だとしても・・・

お母さんは電卓をたたく。

お母さん　２万円を預けて10年複利だと２万４３７９円よ。いまの普通預金金利は０・04％だから、２万80円にしかならない。10年間の複利の金利は４３７９円と80円も違う。

真央ちゃん　ああ、あたし、もっと早く生まれていたらよかった。

私のひと言にみんな大笑い。

お父さんが少し真面目な顔で言った。

お父さん　そう、だから将来の自分をいまの自分が支えようと思ったら、少なくとも今の金利では預金に頼っているわけにはいかない。そこで投資が必要になるんだ。いままで、会社の仕組みなどについて説明したろう。その時、会社が使うおカネは株主のおカネと借りてきたおカネの２種類があると言ったね。そして借りてきたおカネは銀行から借りるおカネと債

債券の仕組み

券という借用証書を発行して集めるおカネの2種類があることも言った。今日は、**債券**のことを勉強してみよう。要は債券というのは借用証書だ。債券を発行するときには、前もって条件を決める。一般的な例で話をしよう。まず、**金利**。これは毎年、いくらずつ利息を払うかという条件だね。金利を払う日にちも決まっている。

真央ちゃん　銀行の金利のようなものね。

お父さん　そうだ。それから何年後に借りたおカネを返すかを決める。これを**満期**っていうんだ。おカネを返すことを償還というので、償還期限っていうこともある。最後に、返すおカネの金額を**元本**という。

お母さん　まあ、私が真央ちゃんからおカネ借りる時だって、いくらのおカネを借りて、いくらの金利を払って、いつ、いくらを返すかっていうこと決めるでしょ。あれと同じよ。

真央ちゃん　ふーん。そう言われれば何となくわかるわ。

お父さん　次に**株式**の話をしよう。会社は売上から製品を作るためのコストや販売や管理のための費用を支払う。従業員の月給やボーナスも費用だ。さらに、銀行や債券を持っている人たちに金利を支払い、そして税金を払って残ったおカネを当期利益ということはすでに勉強したね。その利益の一部は経営者に報酬として支払われる。そして、残った部分が株主のものとなる。株主のものの一部は**配当金**として株主に支払われ、残りは**内部留保**といって次の年のビジネスのために株主資本として会社に蓄積される。それも株主のものだ。これはこの間、勉強したね。

真央ちゃん　会社の業績によって売上が減ったりすると配当も減ってしまうんでしょう。そこが債券との大きな違いよね。

お父さん　そうだ。その時の景気や、企業の業績によって売上が増えたり減ったりする。でも、会社は銀行預金をしている人や債券を持っている人には、どんなに苦しくても金利を払わなければならない。そうすると株主に回ってくる分は減ってしまう。うんと状況が悪ければ何も回ってこないかもしれない。

真央ちゃん　それじゃ、株式を持っている人って損するんじゃないの。

お父さん　そうともいえないよ。うんと儲かった時を考えてごらん。預金や債券の場合は、どんなに会社が儲かったって事前に決まっている金利は変わらない。だから、株主に回ってくる利益がうんと増える。

お母さん　あ、そうか。株主は残りものをもらうから、うんと儲かれば株主に来る分もどん

株主のものになる利益

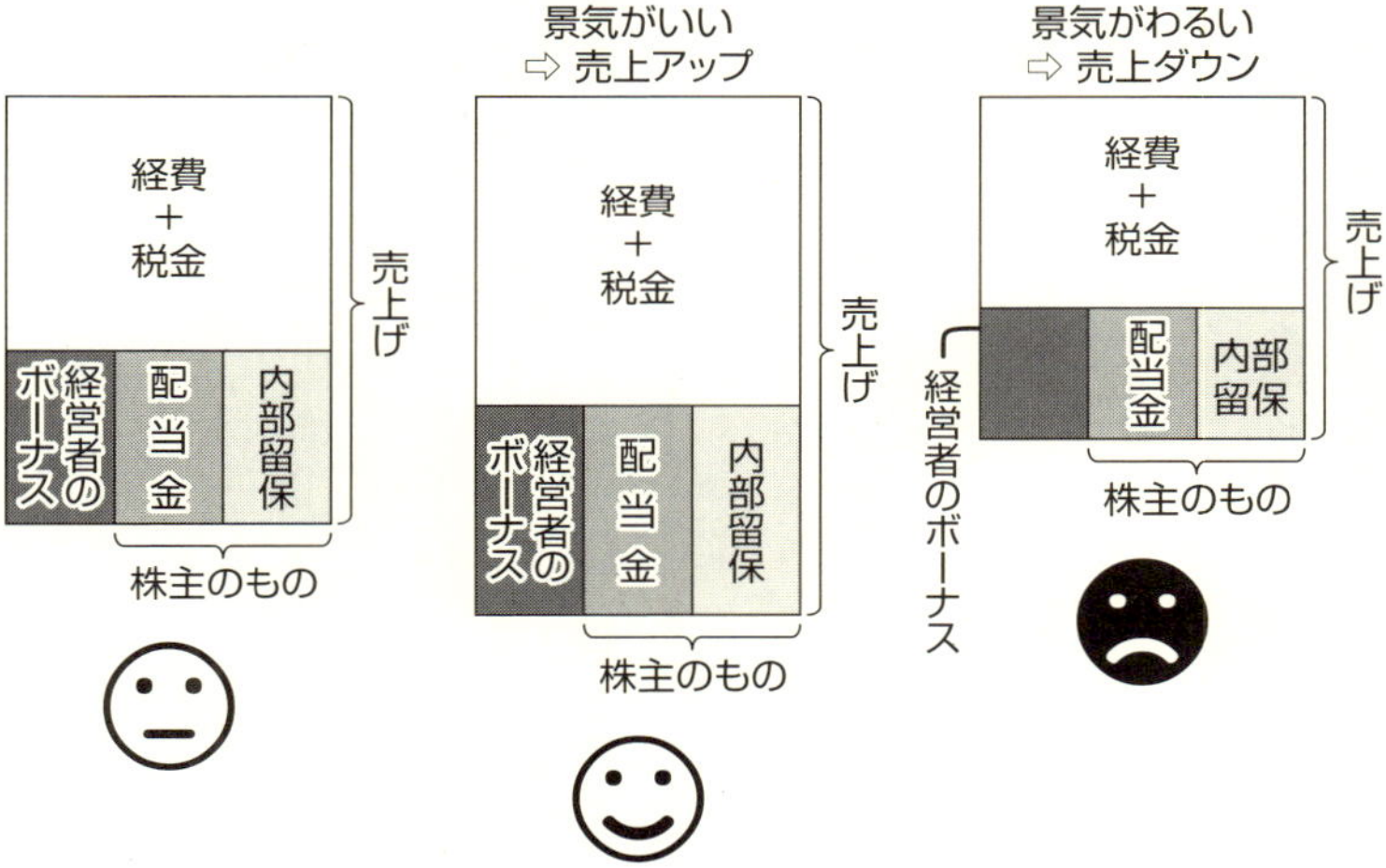

と増える。しかし、あんまり儲からないとガクンと減ってしまうというわけね。

お父さん　つまり、**預金、債券、株式はみんな違う性格を持っている**んだ。それぞれ、良い点も悪い点もある。だから、これらをうまく使って自分の目的に合うように投資をしていけばいいんだ。

真央ちゃん　今日はずいぶん、難しい話だったわ。ところで私は預金に預けないとしたらいったいどうしたらいいの？

お父さん　おっと。そんなに焦っちゃいけない。このマネーレッスン全体が真央の疑問に答えるためのものだからね。もう少しの我慢だ。では次回をお楽しみに。

真央ちゃんのひとり言

預金、債券、株式の違いについて勉強した。債券は、満期、利子、償還などちょっと難しい言葉も覚えた。それから株式の儲けは会社がうまくいっている時にはすごく大きくなるけど、苦しいときにはガクンと落ち込むこともあることがわかった。その点、債券は約束した金利がもらえるから安心だけど、どんなに業績が良くても一定額しかもらえない。預金は一番、安心だけど金利はとても低い。3つとも違った性格を持っているんだなということがわかった。

第5課　インフレとデフレ

お父さん　今日は少し、経済の話をしよう。投資をする上でとても重要なのはインフレとデフレということなんだ。これまで話してきたように、投資には長い時間が関係するよね。おカネを長い間、投資して、最後には、そのおカネを使うことになる。

お母さん　そりゃあそうよね。おカネだけためていてもしょうがないもんね。

お父さん　そこでとても重要なのが**インフレ**とか**デフレ**ということなんだ。インフレはインフレーション、デフレはデフレーションの略だ。まず、インフレっていうのは、世の中の品物やサービスが全体的に上昇していくこと、デフレというのは、それが下落していくことをいう。

真央ちゃん　値段が下がるのはいいことじゃないの？　値段が上がるのは困るけど・・・

お父さん　そうともいえないところが難しいんだ。物やサービスの値段が下がると会社は同じ数の商品を売っても収入が減ってしまうだろう。当然、業績も悪くなる。世の中の景気が悪くなる。仕事のない人もたくさん増えてしまう。月給やボーナスも増えない。だから、経済に良いことはない。

真央ちゃん　じゃあ、インフレの方がいいの？

お父さん　これまた、そうともいえないんだ。今度は物価がどんどん上がる。月給が同じぐらいどんどん上がればいいけど、なかなかそうもいかない。そうすると生活が苦しくなる。

真央ちゃん　ということは、インフレでもデフレでも困るということ？

お父さん　まあ、どちらにしても極端なインフレやデフレは経済に良くない。やはり、経済は安定していないと、経済活動も安定しないからね。

お母さん　最近はずっとデフレが心配されていたわね。

お父さん　そうなんだ。１９７０年代ぐらいまではインフレ的だったんだけど、80年代ぐらいからインフレが収まり、90年代に入ってからは、デフレが懸念されるようになった。特に日本は経済や社会の構造改革が遅れたこともあり、心配な状態が続いた。でも、２００２年ぐらいを底として景気は回復した。徐々に、石油や食糧の値段が上がりだし、インフレが心配されるようになった。しかし、２００８年からはまた、デフレの恐れが強まってきた。まあ、その背景についてはいまは話さないけど、デフレやインフレの懸念はこれからも入れ替わり立ち代わり、でてくるだろう。長い歴史をみると、やはり人間は生産できる以上のものを欲しがる。少しでも良い生活をしたいという望みがあるんだね。だから傾向としては物価は少しずつ上昇するんだが、時々、デフレ的になることがあると言っていいだろう。

真央ちゃん　これからどうなるのかしら。

お父さん　それを正確に予測するのは難しいね。でも、それに対して備えておかないといけない。特に、投資を考えるとき、おカネの一番の敵はインフレなんだ。

真央ちゃん　どうして？

お父さん　真央がいま、1万円を持ってるとしよう。結構、いろいろなものが買えるね。

真央ちゃん　そうよ。私にとってはすごい大金だわ。

お父さん　その1万円を机の引き出しに大切に入れておく。例えば20年後、真央が32歳になるまでしまっておく。

真央ちゃん　相当、先の話ね。

お父さん　もし、その間に物価が倍になったらどうなる？　20年後に引き出しからおカネを

インフレはおカネの価値を減らす

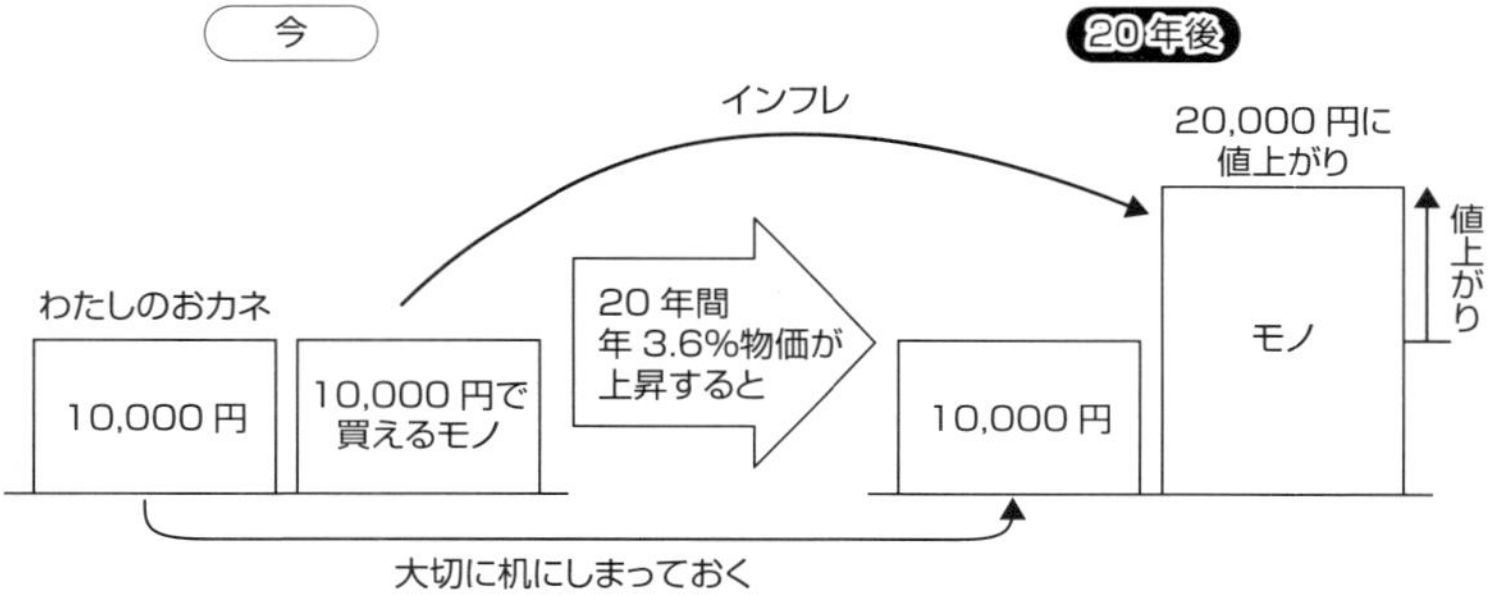

出して買物しても、いま買えるものの半分しか買えないことになる。

お母さん　みんな値上がりしちゃってるからね。

真央ちゃん　そんなのひどいわ。せっかく大切にしまっておいたのに。

お父さん　そう。20年で物価が倍になるということは、毎年、３・６％ぐらいのインフレが続くとそうなるんだ。いま、５００円のラーメンが１０００円になる。いま、２００円のチョコレートが４００円になる。でも、引き出しの１万円はそのまま、１万円・・・

真央ちゃん　じゃあ、いったい、どうしたらいいの？

お父さん　だから、**おカネにとってインフレは怖い**。反対にデフレのときはおカネを大事にしまっておけば、その間に物価が下がるから、得をする。だから、おカネにとってインフレは強敵だ。そこで、インフレと戦わないといけないことになる。その**インフレ・ファイター**が**株式**なんだ。

お父さんはお母さんの方を向いて質問した。

お父さん　マンションを買うと仮定しよう。もし、おカネを借りてマンションを買ったあと、インフレになってマンションの値段が上がったらどうなる?

お母さん　マンションは値上がりするんでしょう?　でも、借りた金額はそのまんまよね。だから、得するんじゃない?

お父さん　そのとおり。では、デフレになってマンションの値段が下がってしまったら?

お母さん　そりゃあ、ひどいことになるわよね。せっかくおカネを借りて買ったマンションが値下りしてしまう。でも、借りてる金額は同じ。これは面白くないわね。

お父さん　まあ、マンションであれば、自分が住んでるんだから、我慢すればいい。しかし、ビジネスだとそうはいかないね。例えば、会社がたくさんおカネを借りて大きな工場を作ったらデフレになった。工場で作る品物の値段も下がってしまうし、工場の価値も下がってしまう。それでも、借りてる金額はそのままだから、必死になって借金の金利を払って元本を返さなければならない。

お母さん　そりゃあ、苦しいわよね。

お父さん　反対にインフレだったら?

お母さん　ウハ、ウハね。工場で作る商品の値段は上がるし、工場の価値も高まる。借りてる金額は変わらない。だから、楽勝でおカネが返せるわね。

お父さん　そう。要するにインフレのときはおカネを借りてモノを買うのが有利。デフレのときは、人におカネを貸して、自分ではものを持たないのが有利ということなんだ。

お母さん　そういうことになるわね。

お父さん　さて、真央。今度は君に質問だ。株主になるというのはどういうことだっけ？

真央ちゃん　えーと。会社の資産を持つことでしょ。

お父さん　会社の資産全体から返さなければならないおカネをすべて差し引いた残りが株主のものだ。**株主が保有しているのは会社の財産**。つまり、ほとんどモノを持っているといってよい。では、預金をしたり、債券を買ったりするというのはどういうことかな？

真央ちゃん　会社におカネを貸すことでしょ。

お父さん　そう。わかるかな？　さっき、お父さんは、インフレのときはおカネを借りてモノを買うのが有利。デフレのときは、人におカネを貸して、自分ではものを持たないのが有利と言ったよね。もうわかるね。インフレのときは会社の資産を保有できる株式が有利なんだ。それからデフレのときは預金や債券の方が有利であるといえる。もちろん、インフレでもデフレでもあんまりひどい状態になると経済そのものが不安定になるから、誰にとっても良いことはないが、一般的にはインフレのときは株式、デフレのときは債券が強いといえる。

お母さん　じゃあ、インフレになりそうになったら、債券を売って株式を買う、デフレになりそうになったら、株式は売って、債券を買うということをすればいいの？

お父さん　あ、それはちょっと極端だね。だいたい、いつからインフレになるとか、いつからデフレになるということははっきりはわからないものだ。だから株式とか、債券の全体の比率を調整するんだ。でも、いまは、株式投資はインフレ・ファイターだということを覚えておけばいいよ。物価の上昇に負けないようにおカネの価値をふやしてゆくことを「購買力を維持する」って言うんだけど、これが長期投資の第一目標といえるね。じゃ、今日のマネーレッスンはこれまで。次回から本格的に投資の話だ。

真央ちゃんのひとり言

物価が上がっていくのがインフレ、下がっていくのがデフレっていうんだって。特におカネはインフレに弱い。おカネの増え方よりも物価の上がる方が大きければ、買えるものが減ってしまう。その点、株式は会社の資産というモノの裏付けがあるからインフレに強い。人間はいつも生産できる以上のものを欲しがるから、長期でみると少しインフレ気味になりやすいそうだ。だから、おカネの一部はインフレに強い株式にしておいた方が安全だということらしい。

第4章

証券投資の勉強をする

第1課　流通市場とは何か

お父さん　さて、今日から流通市場について勉強しよう。

真央ちゃん　流通？　市場？

お父さん　いろいろな商品が流通するっていうだろう。株式でも債券でも投資をするということは時間をかけて持つということだ。しかし、その途中で急におカネが必要になることもある。そのときどうしたらいいだろうね？　真央、わかる？

真央ちゃん　えーと、会社が買い取ってくれるかしら？

お父さん　でも、それでは会社がせっかく集めたおカネがまた出て行ってしまうよね。だいたい、株式や債券を発行して集めたおカネは、すでに工場などのモノになってしまっているかもしれない。そうすると、急に買い取って欲しいといわれても会社も困るね。

お母さん　それはそうね。集めたおカネを金庫のなかにしまってるのじゃ意味ないものね。

真央ちゃん　他にいい方法はあるかな？　お母さん。

お母さん　私はこれでも昔は証券会社にいたのよ。当然、わかるわよ。その株式や債券を買ってくれる人を探してくればいいんでしょ。

お父さん　そのとおり。世の中には最初に株式や債券が発行されたときには買わなかったけど、あとになって欲しいと思う人がいるかもしれない。その人に売ればいい。

真央ちゃん　そうなれば便利よね。

お父さん　でも、例えば真央がある会社の株式を持っている。何かの理由でそれを売りたい。どうやって買いたい人を探すんだい？

真央ちゃん　お父さん、買ってくれない？

お父さん　お父さんが嫌だっていったら？

真央ちゃん　お母さんは？

お母さん　わたしはおカネないわよ。真央に借りようと思ってるぐらいだもの。

真央ちゃん　じゃあ、叔父さんはどうかしら。

お父さん　まあ、叔父さんが買ってくれるかどうかはわからないけど、一度、買った株式や債券を売らなければならないときに、自分で買いたい人を探すのはものすごく大変な手間だ。また、株式や債券を買いたいと思う人だって、売ってくれる人を自分で探すのはとても大変なことだね。

お母さん　そこで、売りたい人と買いたい人が自分の希望を持ち寄る場所ができたのよ。それが**証券取引所**。

真央ちゃん　証券取引所？

お父さん　そうだ、株式や債券などをまとめて**証券**と呼ぶんだ。そして、証券を取引できる場所を証券取引所という。でも、自分で証券取引所に株式や債券を持って行って、見ず知らずの人と取引するのもなかなかできないよね。そこで、間に**証券会社**が入ってくるんだ。

真央ちゃん　ああ、それが、お母さんが昔、働いていたという証券会社の仕事なのね。

お父さん　うん、もちろん、他にもいろいろな業務をしているが、真央に一番、関係が深いのはそういうことだ。

お母さん　例えば真央ちゃんが持っている株式を売りたいとするでしょ。まず、証券会社に、○○会社の株式を売りたいという注文をだすわけ。証券会社はいろいろなところにお店を持っていて、いろいろな株式を売りたい人、買いたい人から注文を受けるの。日本にはたくさんの証券会社があるけど、それらがみんな注文を証券取引所に集めるのよ。そうして、うまく買いたい人と売りたい人がぴったり合うと取引が成立するわけなの。証券会社はそうやって間に入って相手を探して手数料を取るわけね。

お父さん　さすがにお母さんは元専門家だね。そのとおり。このようにすでに発行された株

証券会社と証券取引所の仕組み

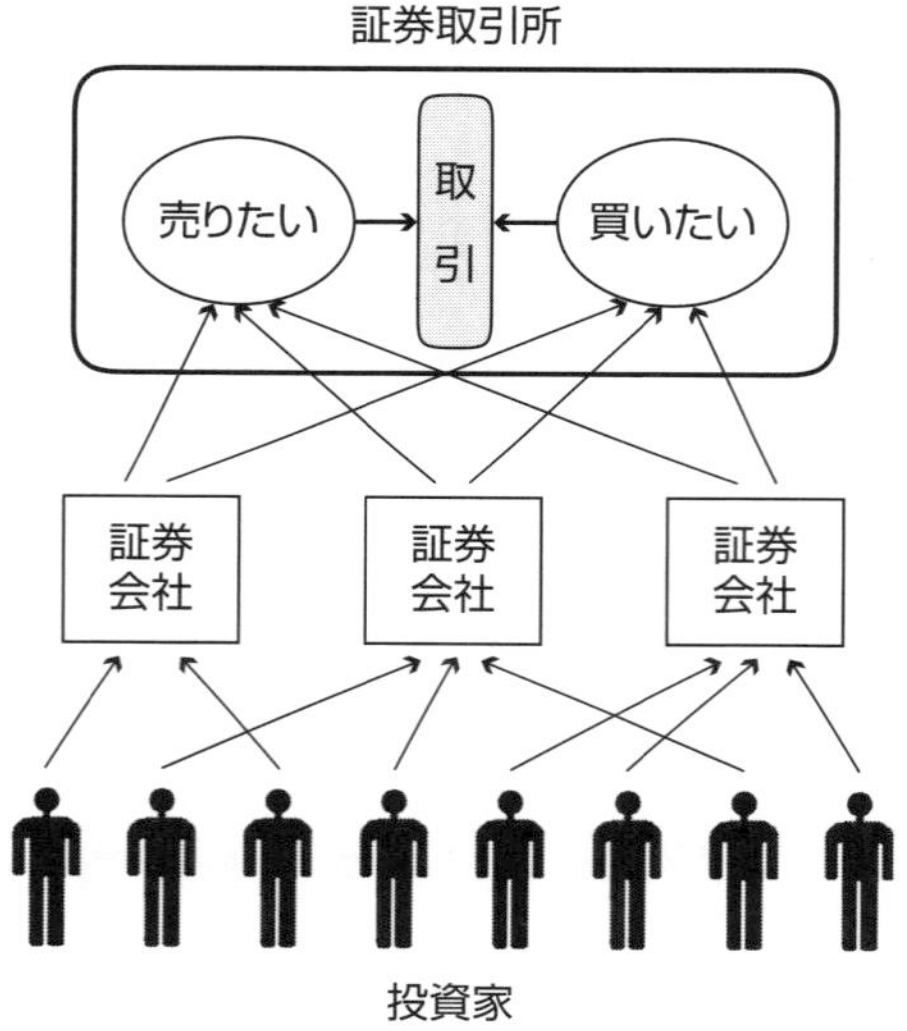

式や債券は市場を通じてある投資家から、次の投資家へと流通するわけだ。それでこのような制度を**流通市場**という。

一方、最初に発行するときの市場を**発行市場**と呼ぶんだ。

お母さん　あ、そうそう。市場はシジョウって読むのよ。イチバじゃないの。お母さんは入社したてのころ、イチバって読んで恥かいちゃった。

真央ちゃん　ああ、株式や債券が売り買いされているから流通市場なんだ。それでわかったわ。

お父さん　証券取引所は、東京、大阪、名古屋、福岡、札幌の5カ所にある。また、比較的小さい企業のための取引所などもある。しかし、取引の圧倒的多くが東京証券取引所で行われている。二番目が大阪の取引所だ。真央の学校が休みの日、みんなで証券取引所の見学に行こうか。東京の取引所は兜町というところにあるんだ。面白いと思うよ。

お母さん　私も大賛成。兜町もずいぶん行っていないわ。兜神社や、有名なうなぎ屋さんがあったり、取引所で働いている人が集まる喫茶店があったり。ああ、懐かしい。

お父さん　経済や金融、証券市場のことを勉強できるコーナーもある。よし、行こう。お父さんも都合をつけて行けるようにしよう。

真央ちゃん　わあ、うれしい。早く行けるようにしてね。でも、兜町って面白い名前ね。カブトって、株に関係あるの？

お父さん　いや、そうじゃないんだ。平安時代の中頃に関東で勢力を持っていた平将門という人が反乱を起こした。日本のほかの地域でも武士がだんだん力を持ち始めていた時期なんだね。各地で反乱が起こり、貴族の力が弱くなりだしていた。鎌倉時代になって武士が政府を作ったけど、その前の段階だったんだね。結局、平将門は征伐されてしまったんだけどね。将門の首が埋められた場所は首塚といって大手町にある。そして、彼の兜が埋められた場所が兜塚。その兜塚があるのが兜神社。やっぱり、当時の人たちは祟りを恐れたからね。それから兜神社のあたりが兜町と呼ばれるようになった。

真央ちゃん　兜を埋めたから兜塚か。株とは関係ないのね。

お父さん　取引所のすぐ近くに兜塚兜神社があるから今度、行ってみよう。

真央ちゃん　賛成、行ってみたいわ。

お父さん　ひとつ今日、押さえておきたい点がある。ある人がある株式を売りたい、別の人が買いたいとして、いったいいくらで売買すればいいのかという問題だ。真央はどう思う?

真央ちゃん　えーと、私は少なくとも私が払ったおカネは返してほしいわ。

お父さん　まあ、それは気持ちはわかる。売りたい人はできるだけ高く売りたい。しかし、買いたい人は当然、安く買いたい。これだといつまでたっても取引が成立しないよね。お母さんはどう思う?

お母さん　それは売りたい人と比べて、買いたい人がたくさん増えれば値段が上がるし、売りたい人が買いたい人よりずっと多ければ値段は下がるということなんでしょう?

お父さん　そうだね。ちょっと難しい言葉で言えば**需要**と**供給**で決まる。需要は買いたい方、供給は売りたい方。需要と供給の綱引きで値段が決まるわけだ。こうして、1日のうちにも証券会社を通じてたくさんの売りや買いの注文が取引所に集まりそこで値段がつく。だから株式の値段は1日中、動いている。債券の価格も株式ほどではないけどやはり動いている。

真央ちゃん　あ、それでニュースで株式市場が上がったとか、下がったとか言っているのね。

お父さん　そういうことだ。

真央ちゃん　でも、ふつうモノって値段が決まってるわ。お菓子でも、本でも、ゲームでも、値段が決まっていて、そのとおり払うでしょう。どうして、株式は値段が決まっていないの？

お父さん　株式の値段は売りたい人と買いたい人の間で決まる。ある人は１０００円で売りたい、別の人は１０１０円じゃなきゃ売りたくないと思う。一方、買いたい側のある人は９９０円じゃなければ買いたくないと思う。しかし、別の人は１０００円でも買いたいとする。そうすると、１０００円の売りたい人と買いたい人は取引が成立するよね。しかし、１０１０円で売りたい人の注文と、９９０円で買いたい人の取引はできない。そこに、別の売りたい人がでてくる。この人は『まあ、いいや、９９０円でも売ってしまえ』って思ったとする。そうすると、９９０円で買いたい人と、９９０円で売ってもいいという人の取引が成り立つ。その結果、株価は１０００円から９９０円に値下がりすることになる。つまり、売りたい人はいくらなら売りたい、買いたい人はいくらなら買いたいという希望があるわけだよね。値段を自由に動くようにしているから買いたい人と売りたい人の間で取引が成立するんだ。しかし、次の瞬間には、別の考えの人が市場に入ってくる。そして値段が変わる。さらに、新しいニュースがでたりすると、見通しが変化する。とにかくいろいろな要因が常に変化して値段が変動しているんだ。

お母さん　そうやって株価が変動しているでしょ。そうすると、株価の動きそのものが、新しい買い手や売り手を作り出すのよ。ある株式がグングン値上がりを始めると、『これは儲かりそうだぞ』っていうんでその株式を買おうとする人が出てくるわけ。反対に下がりだすと、『これは大変だ』って、慌てて売ったりするのね。

お父さん　その結果、株価は本来の価値から上にも下にも大きくぶれてしまうんだ。そんなところから、『株は危ない』って思う人がでてくるわけだ。でも、良く考えれば**株価は影のようなもの**なんだね。会社の現在の価値や将来の価値を分析して、この株式の価値はいくらぐらいだということを分析する人は、証券アナリストと呼ばれる人たちなんだ。長期的に見ればやはり株価というのは会社の価値に沿って変動している。それを見極める仕事をする人たちだ。なんらかの根拠を持って株価の予測をするのは良いんだが、なかにはあまり、理由もないのに売り買いをする人がいる。こういうのは投資とはいわないで『投機』という。あくまで偶然うまくいくことに賭けているわけだよね。株式や債券を長い期間持って、会社が成長するのと一緒に自分の財産を増やしていこうという投資とは違う。

真央ちゃん　それで、いままで、おカネのことや会社の仕組みや投資の意味について勉強してきたのね。株価ではなくて、会社が大事なんだということね。

お父さん　そのとおり。それがわかってもらえるとお父さんもうれしいよ。

真央ちゃんのひとり言

急におカネが必要になり、持っている株式や債券を売らなければならなくなることがある。そんな時のために、すでに発行された株式や債券を売買できる流通市場がある。証券会社に売りたいとか、買いたいということを伝えると、その情報が証券取引所に集められ、売りたい人には買いたい人を、買いたい人には売りたい人を見つけることができる。うまい仕組みを作ったものだ。売買の値段は、売りと買いの数量で決まり、それはいつも変動しているという。株価を追いかけて売買するのは投機といって、会社を保有する投資とは違うものだといわれた。

第2課　証券取引所を見学する

茅場町という地下鉄の駅で降りてちょっと歩いたら大きなビルが見えてきた。大きな石のビルに赤い矢印が右向きと左向きに書いてあり、下に大きくTOKYO、そして、STOCK EXCHANGE GROUPと書いてある。見学者の入口は裏の方にある。お父さん、お母さんと私、3人は重い扉を開けて、荷物のチェックを受け、見学者の受付に行った。

取引所のギャラリーからみた電光掲示板

大きなエスカレーターで2階へ。人も少ないし、静かなのにびっくり。

真央ちゃん　お父さん、日本中からたくさんの株式を売りたい人、買いたい人の注文が来ているって聞いていたからもっと大騒ぎになってるかと思ってたけど、ずいぶん静かね。

お父さん　昔は大騒ぎだったんだよ。いまはコンピュータが作業を処理しているから人手も要らなくなったし、大量の取引も余裕でこなせるようになった。

　ここから見ると向こうに大きな丸いガラス張りの部屋が見え、そこで人が少し働いている。それから、丸い部屋の上の電光掲示板でオレンジ色の数字が回っている。とってもきれい。

真央ちゃん　あの数字は何なの？

お母さん　あれは株価よ。ほら、会社の名前が書いてあって、下に数字があるでしょう。あれが現在の株価。新しい値段がつくと表示されるわけ。その下にあるプラスやマイナスの記号がついている数字、あれは昨日の値段からの変化なのよ。

真央ちゃん　へえー、こんなにたくさんの会社の値段がしょっちゅう変わってるんだ。すごいね。びっくりしちゃった。お父さん、ここではいくつぐらいの会社の株式が取引されてるの？

お父さん　取引所で取引されるようになることを上場という。「ジョウバ」って書いて「ジョウジョウ」って読むんだ。２００８年末で２３７３社が**上場**されている。上場されるということは多くの人が取引するということだ。だから、非常に厳しい審査があって、それを通らないと上場されない。

お母さん　受験戦争どころじゃないわね。

お父さん　取引所などの市場で取引の対象になっている株式や債券、投資商品などを銘柄っていうんだ。だから、東京証券取引所には２３７３銘柄が上場されているっていうわけだ。

真央ちゃん　どのくらいのおカネが株式に投資されてるの？

お父さん　いまの株価で上場されている株式を全部買ったらいくらかかるかというのを**時価総額**っていうんだ。２００８年末の東京証券取引所の時価総額は２８３兆円だった。そして、１年間で５７６兆円の売買が行われた。

真央ちゃん　すごーい。想像がつかないわ。

お父さん　世界で一番大きい取引所がニューヨーク、次が東京でその次がロンドンなんだ。

真央ちゃん　立会時間ってなに？

お父さん　これは取引をする時間だ。日本は、午前中が9時から11時まで、午後が12時半から15時まで。午前中の取引を**前場**《ぜんば》、午後の取引を**後場**《ごば》っていうんだ。

お母さん　日本は11時から12時半が休みでしょう。だから証券会社の人はお昼ごはんをだいたい11時半ごろから食べるの。このへんのレストランも11時を過ぎると結構、満員なのよ。

真央ちゃん　取引所にもお休みってあるの？

お父さん　日本の市場は土曜日と日曜日、休日、それにお正月三が日と大みそかがお休みだ。それ以外はいつも開いている。お正月の最初の取引日を**大発会**《だいはっかい》、年の最後の取引日を**大納会**《だいのうかい》といってこの2日間は前場だけの取引なんだ。みんなで、手打ちをしているのをニュースなんかで見たことあるだろう。

お母さん　証券会社でも、この2日間の午後はちょっとお祝をしたりしたわ。

　ギャラリーの通路に沿って歩いていくと、取引所の歴史が写真で見ることができるようになっている。東京株式取引所ができたのが１８７８年、ずいぶん昔からあるんだ・・・。

　第二次世界大戦が終わったのが１９４５年、その後も取引所は開かれず、やっと１９４９年に再開した。その頃の写真もある。確かにお父さんが言っていたようにものすごくたくさんの人が手をふり上げて取引をしている。熱気が伝わってくるようだ。

真央ちゃん　取引所で取引されているのは株式だけなの？

お父さん　そんなことないよ。株式のほかに債券、それからデリバティブという商品も取引されている。最近は投資信託も上場されているものがある。まあ、あんまりいろいろなことがでてくると複雑になるからいまは株式取引のことを勉強しよう。

真央ちゃん　値段って売りたい人と買いたい人の関係で決まるって聞いたけど、どんなふうに決まっているのかしら。

お父さん　ルールがあるんだよ。まず、**価格優先**。売りたい人は、一番安い値段で売ってもいいよという人、買いたい人は、一番高い値段で買ってもいいよという人から取引が成立していく。もうひとつのルールは**時間優先**だ。同じ値段の注文については先に注文を出した人が優先される。

真央ちゃん　ああ、そうか。それなら公平ね。

お父さん　１日のうちに株価は動くけど、値幅制限といって一定の幅が決まっている。例えば、１０００円から１５００円ぐらいの株価なら、２００円とかね。それを越える値動きはできないので、みんなが一斉に買おうとして殺到すると上限に張り付いてしまう。これがストップ高、反対にみんなが売って下限に張り付いてしまうのがストップ安っていうんだ。

真央ちゃん　なるほど。制限の限度にくると値段の動きがストップしちゃうということね。

お父さん　株価はずっと変動しているけど、それはインターネットなどでチェックできる。

ずいぶん便利になったものだ。そう、そう。株式の注文には2種類ある。お母さん知ってるね？

お母さん　もちろんよ。**指値注文**と**成行注文**でしょ。

真央ちゃん　サシネとナリユキ？　なにそれ？

お父さん　そう。指値注文は売るときも、買うときも、取引したい値段を指定できる注文だ。成行注文はいくらでもいいからそのときの値段で売買しますという注文。指値注文は、売るときならこの値段以下では売りたくないとか、買うときならこの値段以上では買いたくないという注文だから安心なんだね。でも、売れなかったり、買えなかったりすることもある。

お母さん　例えば、１０００円で買いたいという指値注文をだしても、みんなが１０１０円で買いたいと思ったら買えないわけよね。売りの場合も逆。１０００円で売ろうと思っても、株価が９９０円になってしまったら売れない。そこにいくと成行注文は、そのときの値段で売り買いしますというのだからふつうは取引が成立する。その代わりいくらで売買できるかがわからない。まあ、それぞれメリットとデメリットの両方あるわね。

お父さん　株式は証券会社を通じて売買するんだけど、証券会社は売買手数料を取る。まあ、これは当たり前だ。そうしないと証券会社もやっていけないからね。ずいぶん、いろんな知識を詰め込んでしまったね。そろそろ、引き上げようか。

真央ちゃん　そうね、頭がちょっとパンク状態かもしれない。

東京証券取引所

みんなで東京証券取引所をでた。もう一度、正面に回って大きな建物をみる。

真央ちゃん　さっきから気になっていたんだけど、**ＴＯＰＩＸ**って盛んにでてるわね。あれ何？

お父さん　まあ、簡単に説明しよう。ＴＯＰＩＸっていうのは市場に入っているおカネの価値がどのように推移しているかを表す指数なんだ。正式には**東証株価指数**という。株式市場全体の動きを示す大切な指標だ。もうひとつ、有名なのが**日経平均**。こちらは２２５の代表的な株式の価格を平均したものをベースに作られている。日経平均はとてもポピュラーでふつう、『今日の株式市場は２００円高とか、１００円安』っていうときはこちらを指している。東京証券取引所には大きな企業を対象とする一部市場、中ぐらいの企業のための二部市場、小型企業のためのマザーズ市場などがあるんだけど、ＴＯＰＩＸは一部市場に上場されているすべての会社を対象にしている。

　東京証券取引所を後に３人で歩きだす。ちょっと、振り返ってみる。やっぱりでかい！

　歩いていたら通りから少し入ったところに神社が見える。

お母さん　あ、兜神社だ。懐かしい。お昼休みによくここに来たわ。向こうの方に立派な紳士が神妙に拝んでるわ。株で儲かりますようにって拝んでるのかしら。

お父さん　あ、は、は。まあ、株で儲かりますようにって頼まれても神様も困ってしまうかもしれないね。わが家は『みんながしあわせでありますように』とお願いしておこう。

お父さん　さあ、お腹がすいたね。取引所のとなりに橋があるだろう。鎧橋っていうんだ。あれを渡って少し行ったところに有名な親子丼の店がある。あそこでお昼にしよう！

真央ちゃん＋お母さん　賛成！

　ずいぶん頭を使ったのでお腹がすいた。

真央ちゃんのひとり言

証券取引所を訪問した。ものすごく大きな立派なビル。でも、なかが静かなのでびっくりした。２００８年末で２８３兆円ものおカネが証券に投資されていて、売買も1年間で５７６兆円もあったという。また、２３７３の会社の株式が取引されているそうだ。東京証券取引所はニューヨークに次いで、世界で二番目に大きい取引所なんだそうだ。株式市場の動きを見る指標としてＴＯＰＩＸとか、日経平均というのがある。そういえば夜のニュースなんかで、東証株価指数（ＴＯＰＩＸ）や、主要銘柄の平均株価（日経平均）がいくら上がったとか、下がったとか言っている。あれだなとわかった。

第３課　株価に影響を与えるのは？

証券取引所の見学はとっても面白かった。日本中の投資家から株式売買の注文がきているのはわかるんだけど、それが静かに行われている。お父さんはコンピュータで処理できるようになる前は、ものすごい騒音で活気があったと言っていた。何となくその方が、実感がわく。それにしても、あのオレンジ色の株価が次から次にでてくるのは面白かった。

日経平均の戦後の動き

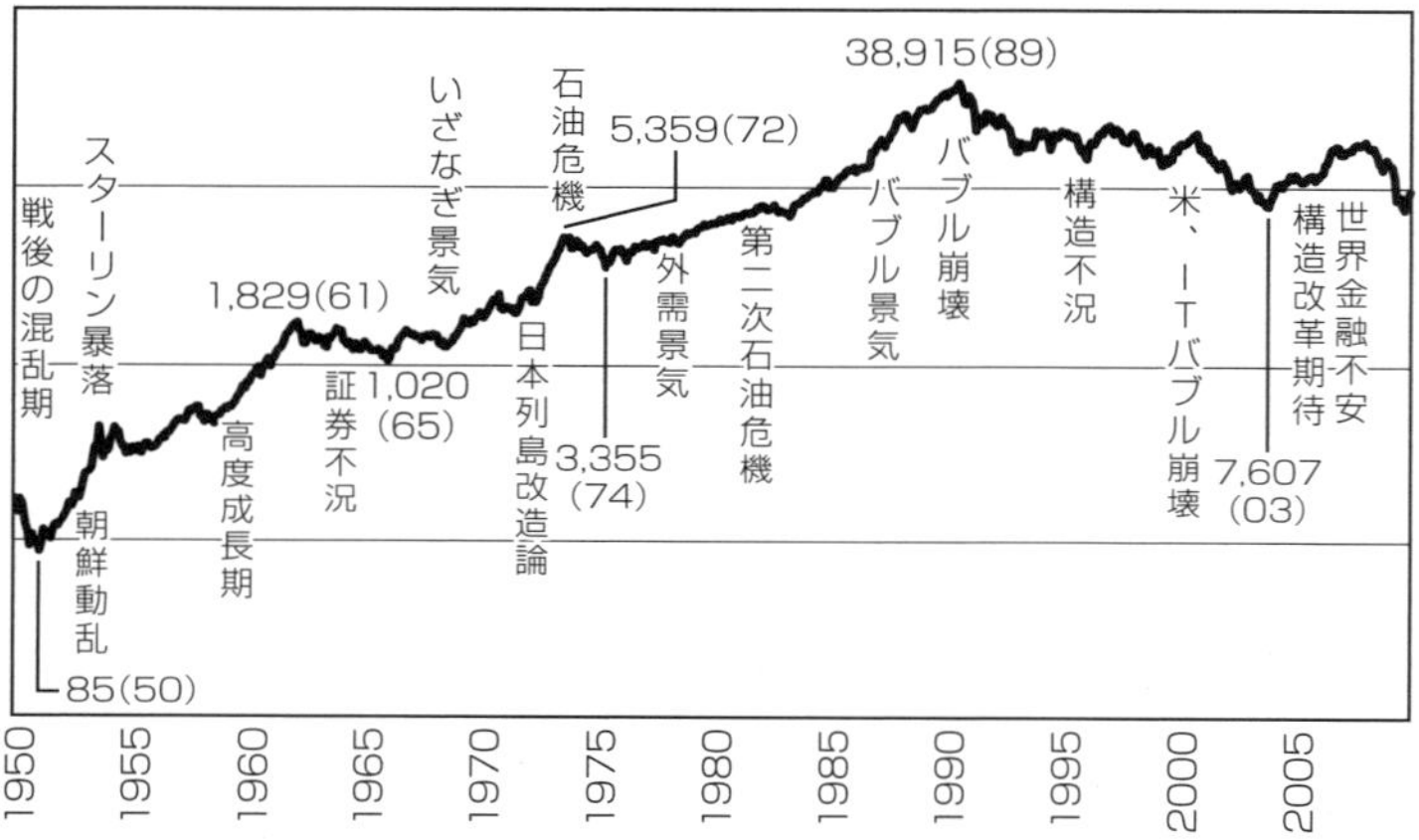

出所：日経平均に基づき著者作成。

真央ちゃん　この間の取引所見学。とっても面白かったわ。

お父さん　それはよかった。取引所でついた株価にはその時々の社会、経済、金融、産業など世の中で起こったことがいろいろな形で反映されている。この表を見てごらん。日経平均で見ると、取引所が再開された１９４９年の最初の水準は１７６円だったんだ。それが、１９８９年の末には４万円近くまで行った。

真央ちゃん　すごーい。そんなに上がったの！

お父さん　まあ、日本は60年代に高度成長して、70年代に石油ショックなどあったけどそれを乗り越え、80年代には世界のなかでも大きな経済力の国になったからね。でも、バブルって聞いたことがあるだろう。80年代の後半におカネが余り過ぎて、みんなが株式の投機を始めてしまった。手軽に短い期間で儲かるからこれはいいぞって思ったんだね。それで株価はどんどん上がった。そして90年代に入ってからはバブルの反動で暴落して、それから日本の構造不況などが問題になったり、世界的な金融の混乱があったりして、いまはずっと下の方を低迷している。しかし、お父さんは今回も世界中の人たちが頭を寄せ合ってこの困難を乗り越えるだろうと思うね。

お母さん　本当にそうよね。兜町に『山高ければ谷深し』っていうことわざがあるわね。そのとおりよ。バブルの山があまりに高かったのでそのあとの谷がすごく深くなってしまった。でも、今度は逆に『谷深ければ山高し』になるのかもね。

お父さん　そうだね。株式市場が低迷しているときだって企業は一生懸命、生きのびる努力をして、売上を上げ、利益を出そうとする。それが株主価値の増加につながっているんだ。兜町のことわざに『人の行く裏に道あり花の山』っていうのもあるよね。みんながあきらめているときこそ本当は投資をするチャンスなんだよね。

真央ちゃん　じゃあ、これから投資をしようという私はとってもラッキーということね。ねえ、お父さん、株式には価値があるのよね。

お父さん　うん、そうだよ。

真央ちゃん　それだったら、どうして、株価っていつも変動しているの？　株式の価値ってそんなに変化するものなの？　この間の取引所見学、とっても面白かったけど、どうして、株式の値段ってあんなにいつも変化しているのか、あれ以来、ずっと不思議に思ってるの。

お父さん　それはとってもいい質問だね。株主資本を、発行している株式の数で割ったものが株主が持っている株式1株当たりの資産だ。それはもちろん、会社の業績などによって少しずつ変化はしているが、毎日、大きく変動するという性格のものではない。会社はふつうは、利益をあげるよね。その利益はどうなるか、お母さん、覚えてるかい？

お母さん　えーと、一部は会社の役員賞与になるけど、残りは株主のものになるのよね。一部分は配当金として支払われ、残りは株主資本として会社のなかに貯められる。株主資本が増えるということは、株主の持ち分が増えるということね。

お父さん　そのとおりだ。大切なことは、株価は、いまの株主資本の額や、いまもらえる配当金だけによって決まるのではないということなんだ。『今』だけではなくって、『将来』の予測に基づいても値段が付いているんだね。

お母さん＋真央ちゃん　でも、将来どうなるかって、わかるものなの？

　お母さんと私が同じ質問をしたので顔を見合わせて笑っていると、お父さんが続けた。

お父さん　もちろん、将来のことなんて完全にはわからないね。でも、投資家はいろいろな前提をおいて予測をたてる。予測は人によってバラバラだ。だから株主資本の価値から当然、大きく離れることもふつうなんだ。

お母さん　それから予測そのものも変化するんでしょうね。

お父さん　そうなんだ。経済や産業や会社には、毎日、新しいことが起こっているからね。

それらを反映して、投資家の、『買いたい』とか、『売りたい』という水準はいつも変化しているんだ。

真央ちゃん　うーん、ちょっと難しいなあ。

お父さん　わかりやすく例を上げて話そう。例えばお父さんのお菓子の会社。株主資本が１株当たり１０００円だったとしよう。Ａさんは、今度のチョコレートの新製品の成功で大きな利益を出し、５年後には１０００円の株主資本が１５００円になると考えたとする。でも、Ｂさんは、新製品はそれほど売れないで、あまり大きく利益には貢献しないだろうと考える。そうすると５年後の株主資本もいいところ１１００円ぐらいだろうと思うとしよう。Ｂさんはいま、１０００円の価値の株式が１１００円で売れるなら満足だと思う。Ａさんは５年待っていると１５００円になると予測しているから、１１００円を支払ってもいいと思う。Ａさんが買い注文、Ｂさんが売り注文をだし、例えば１１００円で取引が成立したとしよう。つまり、１１００円という株価がついて、取引所の電光掲示板で表示されるわけだ。ここでひとつ変化が起こったとする。

真央ちゃん　どうしたの？

お父さん　チョコレートの原料のカカオ豆の値段がうんと下がったというニュースが入ってきた。さあ、どうなるかな？

真央ちゃん　だってカカオってチョコレートの原料でしょ。それが値下がりしたらお父さんの会社は儲かるんじゃないの？

お父さん　まあ、仮にそうなったとしよう。すると、いままで、新しいチョコレートはあまり利益には貢献しないと思っていた人もやっぱり、この会社はいいぞと考える人が増える。そして、５年後の株主資本は１３００円も夢ではないと思うかもしれない。そうするとどうなる？

真央ちゃん　株価はたぶん１１００円からもっと上がるんじゃない？

お父さん　反対に日本の景気がすごく悪くなって、みんながチョコレートを食べるのを減らしたらどうなる？

真央ちゃん　５年後、１５００円の予測はムリになるかもね。

お父さん　そういうことなんだ。これはものすごく単純化した例だけどね、株価は、いろいろな要素によって影響を受ける。結局、**流通市場では、経済や企業などに関連したいろいろな要因が影響をして、投資家の『買いたい』、『売りたい』という水準が変化している。**それにつれて株価も変化する。つまり、ある株価で買いたい人の株数の合計と、売りたい人の株数の合計、つまり、需要と供給によって決まるということだね。そして、その需要と供給の量はいつも変化している。

お母さん　それが**株式の需給関係**っていうものね。

お父さん　まあ、株式の流通市場は需給関係で自由に値段が動く。買いたい人がたくさんいれば値段は上がる。売りたい人が多ければ値段が下がるというのが原則だ。

真央ちゃん　それじゃあ、需要と供給の量を知ることが投資では大切ってこと？

お父さん　それも大切なことは事実だが、本当は、なぜ、そのような需給関係になっているのか、その背景を知ることの方が大切なんだよ。そうじゃないと株価だけ見ていて投機をすることになってしまう。

真央ちゃん　需給関係を決める背景にはどんなものがあるの？

お父さん　やはり、株主にとっては毎年の利益が価値の増加の源泉だ。だから業績はすごく大事だね。さらに、業績に影響を与えるさまざまな要因、例えば、景気や金利とか、為替などもとても大切だ。政治や国際情勢、それから自然災害なんかも影響があるよね。景気が悪くなってきたときに政府が景気刺激策をとるとかね。あるいは、地震で工場が閉鎖されてしまうというようなことだってないとはいえない。また、投資家の間での人気も短期的には大きな要因だし、みんなが楽観的か、悲観的かというような心理も重要だね。

真央ちゃん　すごーい。それじゃ、世の中で起こっていること、すべてじゃないの？

お父さん　そうともいえるね。でも、大切なことは、株価の動きに目を奪われ過ぎないということなんだ。株価は影のようなものなんだね。『株式市場は欲望と恐怖の間を行ったり来たりする』ということわざがあるんだ。会社の価値はそんなに変化していなくても、みんなが欲望の側から見るか、恐怖の側から見るかで株価は大幅に高くなったり安くなったりす

いろいろな要因が株価に影響する

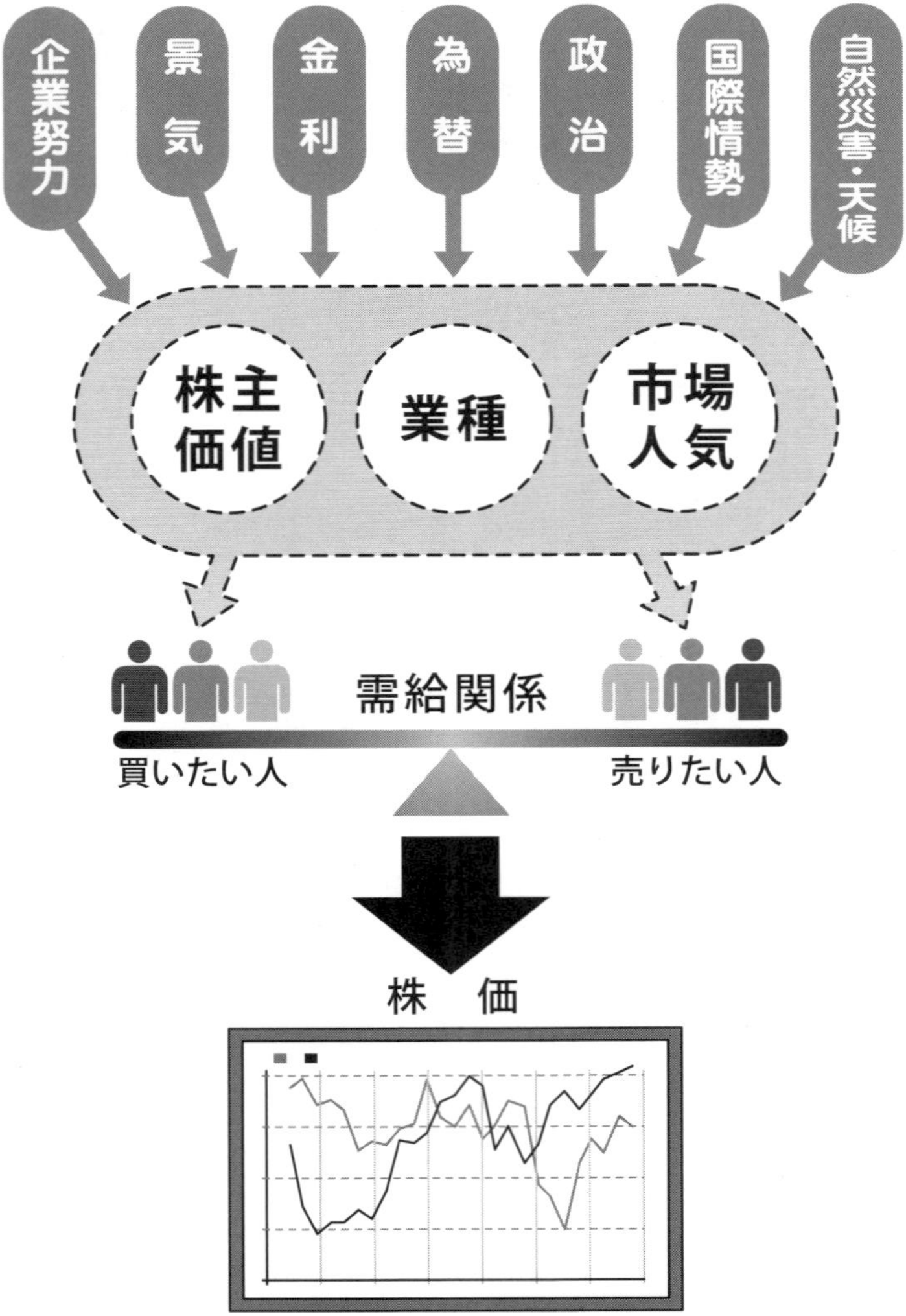

株価は影

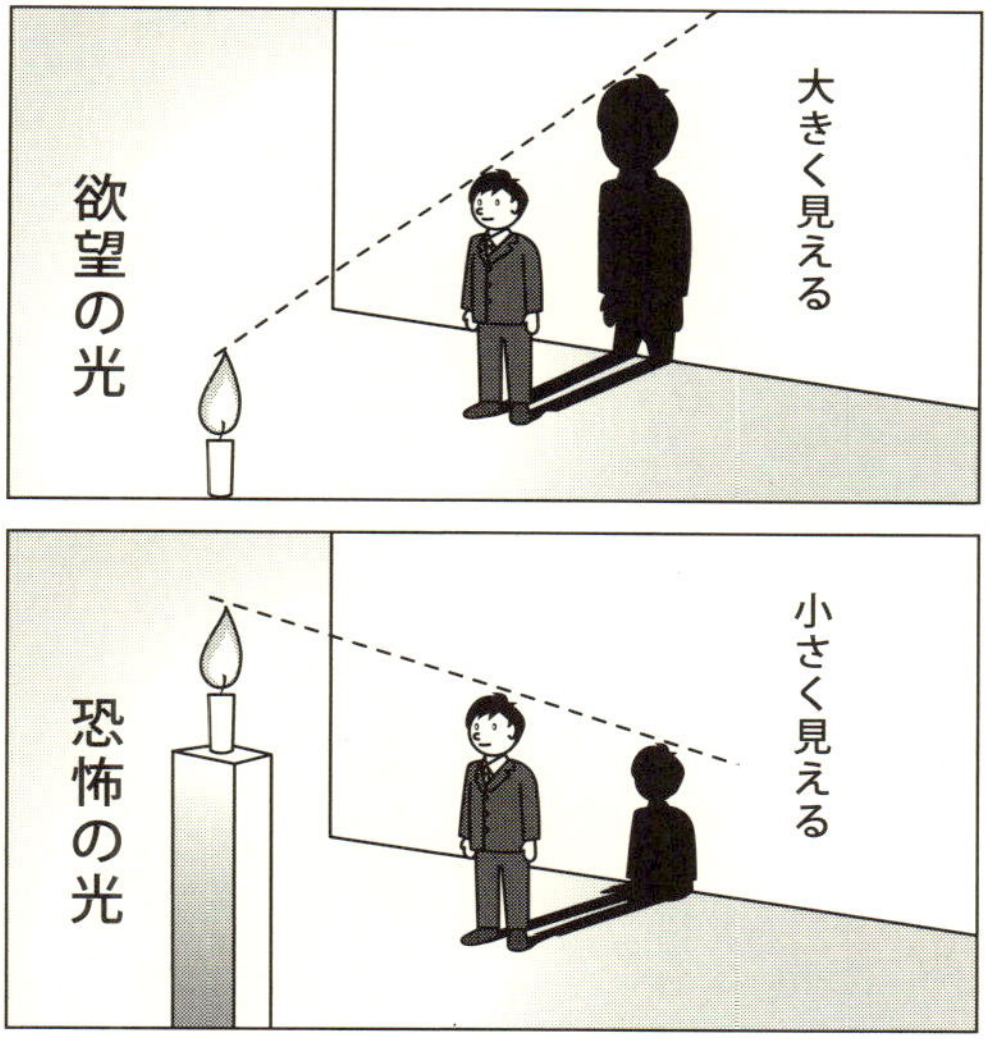

る。それに目を奪われすぎると、株価を追っかけてばかりいることになってしまう。それよりも、会社の価値が着実に増加しているというその点をしっかりと押さえておくことが投資では大切なんだね。

マネーレッスンもだんだん、本格的に投資の話に入ってきてうれしい。でも、世の中に起こってるすべてのことが株価に反映されているなんてすごい。株式投資の勉強をするということは、ものすごく幅広い分野に興味を持ち、知識を得ていかなければならないんだなと思った。そんなこと、私にできるのか、ちょっと心配だ。

真央ちゃんのひとり言

日経平均は１９４９年に１７６円だったのが１９８９年には４万円近くまでいった。でもそれから、日本は問題を抱え、また、世界的にも金融の問題が起こり低迷しているらしい。でも、お父さんは、だからチャンスだと言っていた。上場企業の株主資本の価値全体は、長期的にみれば増加している。しかし、株価は投資家の心理によって毎日、大きく変動する。でも、お父さんが教えてくれたように「株価は影」だということをよく理解して株価に惑わされないようにしなければいけないなと思った。

第４課　株式の価値は何で決まる？

マネーレッスンもずいぶん進んできたけどお父さんもそれをすごくうれしく感じているようだ。

だいたい、いままで家族でおカネの話なんてほとんどしなかったけど、最近はおカネのことも投資のことも日常の話題ででるようになっている。

お父さん　株価は毎日、大きく変動しているけど、その根底にあるのは会社の株主資本だ。そして、株主資本は、会社の毎年の利益によって変動する。だから、会社の利益に影響を与えるようなさまざまな要因が株価に影響を与える。つまり、株式市場は会社の業績はもちろん、業績に影響を与える景気、金利、為替、さらには国際情勢、政治、自然災害や天候、株式投資の人気などの影響を受ける。そこまでは前回話したね。ここでちょっと考えて欲しい。例えば、真央の好きなゲームを作っている会社があるね。

真央ちゃん　うん。晴天堂でしょ。

お父さん　そうだ。もし、晴天堂が新しいゲームをだして、それが大ヒットしたとする。業績が最初に考えていたよりもずっとよくなりそうだ。そうしたら株価はどうなりそうかい？

真央ちゃん　まあ、上がるんじゃない？　将来の株式の価値が高くなるわけだから・・・

お父さん　そうだね。じゃあ、朝、起きたらアメリカの株式市場が大幅に上がっていた。その時は？

真央ちゃん　えーと。

お母さん　やっぱり上がるんじゃない？　海外の株式市場って日本の市場にも大きな影響を与えるものね。

お父さん　そうなる可能性は高いだろうね。そこで考えて欲しい。晴天堂の業績が良くなりそうだというので上がるのは晴天堂の株だけだよね。でもアメリカの株式市場が大きく上が

個別銘柄の株価に影響を与えるのは？

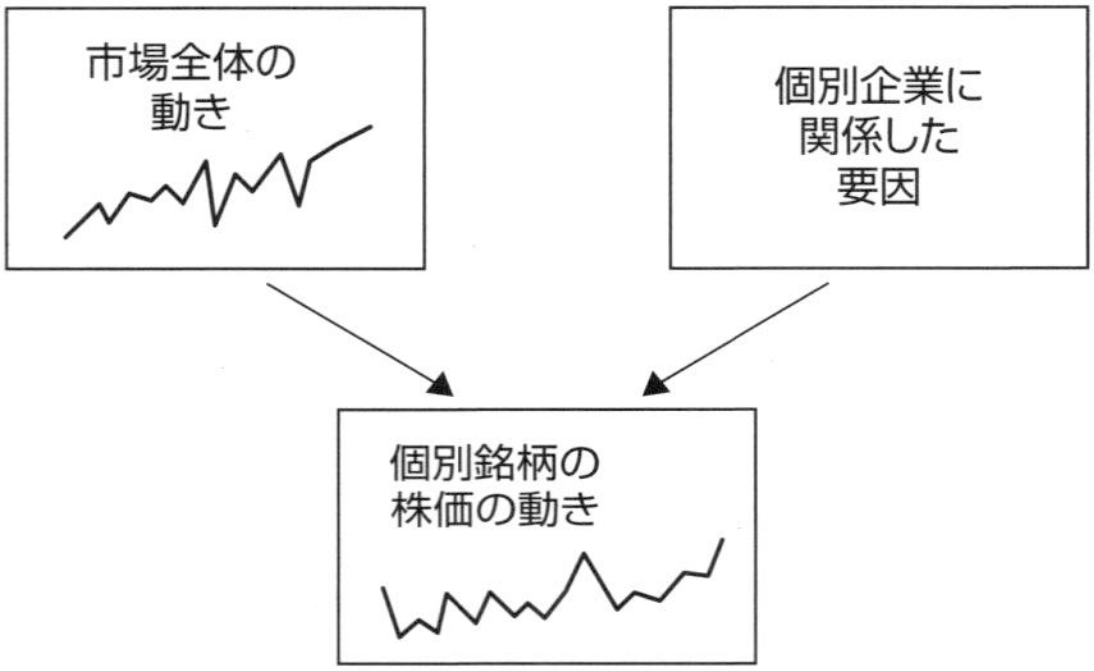

ったときは晴天堂だけじゃなく、日本のマーケット全体が上がる。

お母さん　ああ、そういえばそうね。日本全体の景気が悪くなるときは株式市場全体が下がるけど、食品会社の偽装がばれたりしたときは、全体とは関係なく、その銘柄だけが値下がったりするわね。

お父さん　そうなんだ。それぞれの銘柄の値動きは、**市場全体の影響とその会社だけに関係した事柄の影響**の両方を受けているんだ。だから、経済全体と個別の銘柄の要因は分けて考えないといけない。

真央ちゃん　なんか、難しくなってきたわね。

お父さん　あはは、まあ、ただ聞いていればいいよ。株式市場全体に大きな影響を与えるのは、景気や金利だ。個別銘柄の株価は市場全体の動きにも左右されるが、その銘柄だけに関連した出来事にも左右される。ある銘柄だけに関連した出来事っていうとどんなことを思いつくかな。

お母さん　新製品の開発なんてそうじゃない？　例えばお父さんの会社の新しいチョコレートとか。

お父さん　うん、それが大きなヒット商品になってくれれば株価にも反映されるかもしれないね。他には？

お母さん　えーと、それから原材料の価格とか、技術の開発とか、経営者の交代、あ、そうだ、企業買収なんていうのもそうじゃない？

真央ちゃん　企業買収ってなに？

お母さん　例えば、ある会社が別の会社の株式をたくさん買って、その会社を自分のものにしてしまうということよ。そうすることでもっと大きな強い会社を作ろうとするわけ。

真央ちゃん　ふーん。そんなこともあるんだ。

お父さん　そのほかには？

お母さん　火災とか、地震とか、災害の影響で工場が閉鎖されるとか、あるいは不祥事で訴えられるなんていうこともあるわね。

お父さん　そう、さすがだね。いま、お母さんが言ったようなことはみんな、個別の会社の要因だ。重要なのはいろいろな要因すべてが会社の業績に影響をしているということだね。そして企業の業績は最終的に株主が持っている株主資本の価値になる。例えば、経済全体の景気は悪くても、ある企業の業績はいいということもある。そういう場合は株価も良い方に反応しやすい。

お母さん　それは、そうでしょうね。

お父さん　会社の利益がどんどん増えれば、株主資本も増加するから株式の価値も高まる。だから会社の利益はとても重要なんだ。次回は、どのような銘柄を選んだらいいかを少し勉強してみよう。

　ときどき難しくなるけど、だんだん本格的な投資の話になってきた。

真央ちゃんのひとり言

　ある銘柄の株価は、株式市場全体の動きとその銘柄にだけ関係した原因の両方の影響を受ける。株式市場全体は景気や金利によって左右される。銘柄だけに関係した要因にはその企業の収益や新商品の開発などさまざまな要因がある。だから、ある銘柄を買ったら全体の動きとその会社の動向の両方をウォッチしなければならないんだ。

第5課　どんな銘柄を選んだらいいのか・・・

真央ちゃん　今日はどんな銘柄を選んだらいいかその方法を教えてくれるんでしょう。ずっと楽しみにしてたわ。

お父さん　どの銘柄を選ぶかは、プロのアナリストがするような分析もあるけど、ふつうの人にはなかなか難しい。でも、一番、大切なことは、その会社が世の中の役に立っているかということなんだ。世の中を良くするためにがんばっている会社、それから、世界が抱える大きな問題を解決しようとしている会社。こういう会社は、世の中に必要とされている会社だから高い成長をする可能性が高い。

真央ちゃん　それはすごくわかるわ。

お父さん　それから経営者がしっかりとした哲学を持っていて、お客様や従業員を大切にして成長していこうという意思を持っていること。せっかく株主になってるのに、その企業が悪いことをなんかしてたら面白くないからね。それから、やはり株主を大切にする会社であるということ。株主は自分の大切なおカネを使って会社の一部を保有してるわけだよね。だから、そのおカネを有効に使ってもらい、きちんと収益をあげて株主に感謝のしるしを返してもらいたい。

お母さん　でも、どうやったらそんな企業が見つかるのかしら？

お父さん　難しく考えることはない。身近な会社を考えればいいんだよ。自分の好きなコンビニとか、宅配業者とか、あるだろう？　あのお店の店員はいつも対応がいいとか、いつも一生懸命にがんばっているとか・・・。日常生活のなかで、『あ、この会社は応援したいな』と思う会社をノートに書いておく。それから新聞やニュースなどでその会社のことが出ていたらそれも書きとめておく。新聞などにその会社のことが出ていたらちょっと注意して読んでおく。ノートに内容を書き留めておけば完全だね。

真央ちゃん　そのぐらいならできるかもね。

お父さん　慌てて買うことはないんだ。良い感じの会社をじっくり観察していればいいんだ。

お母さん　でも、観察だけしていてもしょうがないんじゃないの？

お父さん　そりゃあそうだよ。ずっと、観察だけしていてもしょうがない。どこかでその銘柄を買わないとね。でも、どうせ買うなら安く買いたいよね。

お母さん　そりゃあそうよ。私のお買物だっていつも安くなっているものを買おうとしてるわ。

お父さん　そこで、大切なことは、『安い』というとき、どのような基準で安いといえるかということなんだ。

お母さん　だって、株価が下がれば安くなってるんじゃないの？

　私もそう思った。

お父さん　例えば1000円の株が800円になったらどうだい？

お母さん　私ならすぐ買っちゃうわ。200円も安いじゃない。

お父さん　でも、その後、さらに下がって600円まで下がったら、800円はまだ割高だったっていうことになってしまうよ。

真央ちゃん　それはそうだけど・・・。じゃあ、どうしたらいいのよ。

お父さん　株を買うということは企業の株主資本を買うことだよね。例えば、株価が同じ1000円でも、A銘柄の1株当たりの株主資本は1500円、B銘柄は500円だったらどっちが割安かい？

真央ちゃん　あ、そうか。その会社の価値と比べて株価は安いか、高いかが決まるということね。

お父さん　おー、真央。よくわかったね。すごい。このように株価が1株当たりの株主資本の何倍の水準にあるかという比率を、**株価純資産倍率**とか、単に**PBR**と呼ぶんだ。純資産というのは株主資本と同じだと思っていればいい。

お母さん　思い出したわ。PERっていうのもあるわよね。

お父さん　そう、**PER**というのは**株価収益率**と呼ばれる指標だ。こちらは、株価が1株当たりの利益の何倍かを見る。例えば株価が、1000円だったとしよう。A銘柄の1株当たり利益は50円、B銘柄は100円だったらどっちがいい？

株価が高いか安いかの基準

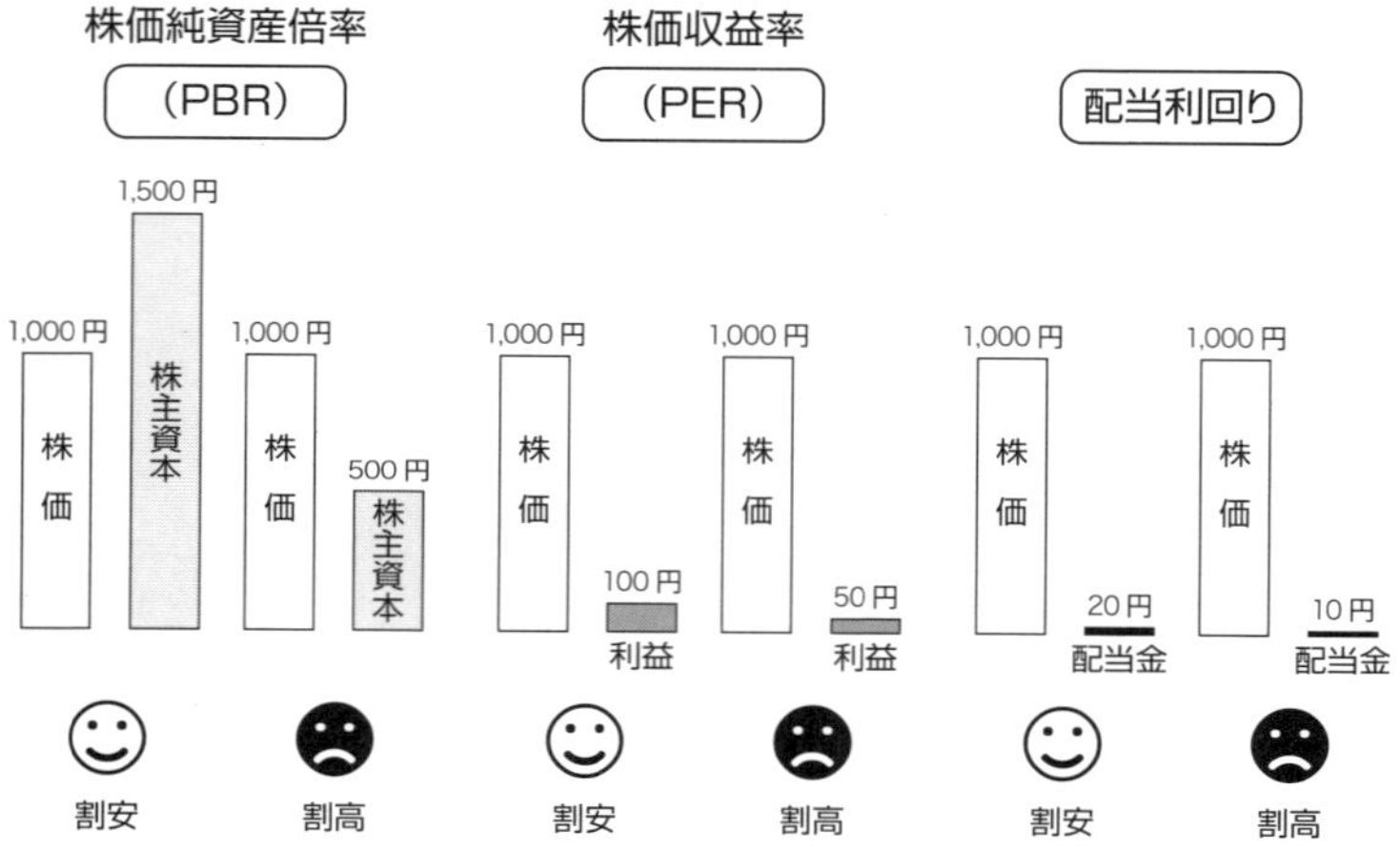

お母さん　えーと、Ａの株価は利益の20倍でしょ。Ｂは10倍だわ。と、いうことはＢの方がお得ね。

お父さん　お得というのかな、まあ、割安なんだね。もうひとつ、株式は普通、配当金を払ってるよね。Ａ銘柄は10円、Ｂ銘柄は20円払ってたらどっちがいい？

お母さん　株価は同じなんでしょ。それなら20円もらえる方がいいわ。

お父さん　そう。それを**配当利回り**というんだ。Ａ銘柄は10÷１０００で１％、Ｂ銘柄は20÷１０００で２％。だからＢ銘柄の利回りは高い。ただし、配当金はおカネを貸した場合の金利と違って、会社の業績で変動する。だから、業績によって配当金は上がるかもしれないし、下がるかもしれない。

お母さん　でも、株価純資産倍率と株価収益率と利回りとどれを見たらいいの？

私もそれは聞きたいと思っていた。

お父さん　それは総合的な判断だね。万能の指標はない。それから指標を見るときも、何と比較するかを考えなければならない。過去の水準と比べてどうか、市場全体と比べてどうか、同じような業種の銘柄と比べてどうかなどいろいろな基準がある。

お母さん　でも、なんか大変そうね。そんなにまでちゃんと分析できるのかしら。

お父さん　まあ、そうした方がいいことは事実だけど、難しいのも本当だ。だから、お父さんがいいと思うのは、**『応援したい会社が苦しんでいるとき』に株を買って助けてあげる**ということなんだ。大体、苦しいときは株価も割安になっていることが多い。応援したい会社ががんばって、苦しい状態から回復すると株価も上昇するというわけだ。大切なことは最初に言ったように、『応援したい』と思える会社を選ぶということなんだね。

真央ちゃん　なんだか本当に投資がしたくなってきたわ。

お父さん　それはいい。是非、投資をしてごらん。この次から投資を実際にするときのことを勉強していこう。

だんだん、面白くなってきたぞとワクワクする。私もおこづかいをムダ使いしないで貯めておこう。

真央ちゃんのひとり言

私たちが投資する銘柄を選ぶときは、その会社が世の中を良くするためにがんばっているか、世界の抱える大きな問題を解決しようとしているかなどを検討すべきだといわれた。つまり、社会が必要としている企業ほど成長もするということらしい。株価は株主資本や利益、配当金などと比較して割安か、割高かを判断する。株価純資産倍率、株価収益率、配当利回りなどについて教えてもらった。でも、一番、簡単な方法は応援したい会社を買うこと。できれば、その会社が苦しんでいるときに買うことだといわれた。これならできそうな気がする。

第5章

株式投資を始める

第1課　マイ・フェイバリット・シングス（私の好きなもの）を探そう

この前のマネーレッスンでいよいよ株式投資を始めようということになったけど、じゃあ、実際にどうしたらいいのって考えると何もわからない。どんな銘柄を買ったらいいのか、どうやって買ったらいいのか、もし、売る時になったらどうしたらいいのか、わからない、わからないがたくさんあり過ぎて何をどうしていいかもわからない。

真央ちゃん　株式を買おうと思ってるけど、いったい、何をどうしていいかわからない。次から、次にわからないことがでてきて・・・

お父さん　もっともなことだね。株式を買おうと思っていると、いろいろ疑問が生じてくる。まあ、やってみればどうっていうことはないんだけどね。今日からそのへんの疑問に答えるレッスンをするから安心していいよ。

真央ちゃん　ほんと？　いざ、やろうとするといろんな不安もあるわ。もし、損しちゃったらどうしようとか、不安だわ。やっぱり銀行預金がいいのかしらなんて考えちゃうの。

お父さん　あ、は、は。それももっともだけどね。でも真央はもう十分に株式というものの性格を勉強したはずだよね。覚えているかい、株価は影だっていうことを。

真央ちゃん　覚えているわ。

お父さん　よし。影を追っかけていてもしょうがないんだよ。捕まえたと思っても別のところに移動している。そんなことよりも、まず、**大事なことは、自分が株主になりたいような、好きな会社を探すことだ。株価の問題はその次の話だ。**

真央ちゃん　でも、好きな会社ってどうやって探したらいいのよ。

お父さん　え？　そんなことわかんないかい？　真央が好きなものを作っている会社でいいじゃないか。あるいは真央がとってもお世話になっている会社とか。

真央ちゃん　あ、そうか。それだったらわかるかもしれない。

お父さん　まずは真央の部屋のなかを考えてごらん。どんなものが大事かい？

真央ちゃん　そうねえ。まずは、ゲーム機だわ。あれはないとちょっとさびしいわ。

お父さん　で、そのゲーム機はなんていう会社が作っているのかい。

真央ちゃん　もちろん晴天堂よ。他にもメーカーはあるけど私はあそこのが好き。

お父さん ほら、でてきたろう。真央は晴天堂さんのお世話になってるんだ。

お母さん そうね、ちょっとお世話になり過ぎてるわね。

余計なことをいうもんだ・・・。

お父さん じゃあ、メモに晴天堂って書いておきなさい。それからどうかな？

真央ちゃん そうねえ、あとはやっぱりケータイかな。友達とメールの交換ができないなんて考えられない。やっぱり、あのイツモのケータイがいいわ。絶対必要。

お父さん なるほど。２つ目の会社がでたね。イツモもメモに書いておくんだよ。じゃあ、次は、台所にいってみようか。

お母さん 食べ物関係は結構、好きなものがありそうね。

真央ちゃん そうねえ、あ、このレトルトのカレー、私好き。

お母さん ああ、それは上村屋のカレーね。真央はチキン・カレーが好きよね。そういえば、この会社の中華まんじゅうも好きでしょう？

真央ちゃん あ、あれもこの会社なの。じゃあ、これで決まり。上村屋と。

私はメモをとる。そして冷蔵庫をあけてみる。

真央ちゃん このウィンナーおいしそうね。あら、ハンバーグやミートボールもあるわ。これいつ出てくるの？

お母さん そのうちよ。それより電気がもったいないから早く冷蔵庫の扉をしめてよ。

真央ちゃん　はい、はい。でもあのウィンナーやハンバーグはどこが作ってるの？

お母さん　マルマル食品よ。

真央ちゃん　あ、それじゃ、マルマル食品もリストに入れよう。

お父さん　今日のマネーレッスンはこれから外にでてみよう。駅の方に向かって歩くんだ。その間でいろんな好きな会社、お世話になっている会社が見つかるかもしれないからね。

お母さん　行きましょう。真央ちゃん、メモを忘れないようにね。

　家をでて3人でぶらぶら歩きながらのマネーレッスン。これもなかなか楽しい。

わが家のマンションの前に大きなトラックが止まっている。ミケネコ通運のトラックだ。

お母さん　ミケネコの社員って本当に礼儀正しくって感じがいいのよね。私はあの会社好きだわ。真央ちゃん、ミケネコもメモに入れといて。

お父さん　おい、おい。いまは真央の好きな会社を選んでるんだよ。お母さんの好きな会社は別に選ぼう。

　みんな笑いあった。

　ブラブラ歩いているといつもお世話になっているコンビニがある。コンビニのデイ&ナイトだ。そういえばここもずいぶんお世話になってるな。メモに書いておこう。

お父さん　真央、何を書いたんだい。

真央ちゃん　うん、コンビニのデイ&ナイトもお世話になってるから書いておいたの。

お父さん　よし、よし。その調子だ。

もう少し行くとケーキで有名な喫茶店、エベレストが見えてきた。

真央ちゃん　あ、あそこのケーキ、私大好き。エベレストもリストに入れておこう。

お父さん　ちょっと待って。エベレストは上場していなかったんじゃないかな。上場していないといくら好きでも株主にはなれないからね。

真央ちゃん　あ、そうか。でも、いい。一応、書いておいて後でダメだとわかれば消すわ。

お父さん　そうだね。それがいい。

ドラッグ・ストアの前を通る。ここもいつもお世話になってるところだ。

お母さん　あ、ちょっと待って。風邪薬がなくなってるから買ってくるわ。いつもの上杉製薬の『すぐ飲むピタロン』ね。わが家はあの薬にもいつもお世話になってるわね。

真央ちゃん　でも、薬って病気のときに飲むでしょ。だからあんまり好きになれない。リストには入れない。

お父さん　まあ、それはそれでもいいだろう。ただ、覚えておくといいのは、薬の会社はあんまり景気に関係なく安定して商品が売れるんだ。だから景気が悪い時には好まれる株なんだよ。

真央ちゃん　ふーん、そういうこともあるんだ。でも、入れてやんない。

お父さんはニコニコ笑っている。

最近、開店した大きなブランド物のお店が見えてきた。

真央ちゃん　じゃあ、ああいうお店は景気が悪くなるときっと苦しいわね。

お父さん　そう。そういう傾向はあるだろうね。でも、景気は良くなったり、悪くなったりするからね。そのたびにいろいろな銘柄を売ったり買ったりするのは無駄だ。だから、ある程度、景気の影響は受けても長い目でみて世の中のためになって成長していく会社の株を持ってればいいんだ。

真央ちゃん　そうね、あんまり、売り買いしてると勉強も手につかなくなっちゃうかも。

お母さん　そうなったら大変ね。

駅が近づいてきた。大きなお店がたくさんある。

お父さん　ここらでちょっとコーヒーでも飲みたいね。

全員賛成だ。駅前のサンシャイン・コーヒーに入る。

お父さんはレギュラー、お母さんはカフェ・ラテを注文した。私はアイスクリーム。

真央ちゃん　あ、そうだ。このサンシャイン・コーヒーもリストに入れておこう。

コーヒー・ショップから外を見るとたくさんのお店が見える。

真央ちゃん　あのファミレスも、あのハンバーガー店も、あの本屋さんも、あのデパートも・・・。どんどん書き出したらキリがないわ。

お父さんとお母さんは顔を見合わせて笑っている。

お父さん　そうだね、おカネがいくらあっても足りないね。

みんなでおやつを楽しみながら楽しいマネーレッスンだった。おかげでリストにはたくさんの名前が書き込まれた。

真央ちゃんのひとり言

いよいよ銘柄を選ぶ段階に入った。まずは、候補銘柄を選びだした。まず、私の部屋のなか、お台所、そして、駅に向かって歩きながら応援したい会社をメモした。最初はなかなか思いつかなかったけど、書き始めたら、あれも、これもって、リストが大きくなった。

第2課　銘柄を選ぶ

お父さん　ちょっと、この間、真央の書いたリストを見せてごらん。どれ、どれ。おや、ずいぶん書いたね。今日のマネーレッスンは重要だよ。このリストから買う銘柄を選ぶんだ。

真央ちゃん　わあー、ほんと？　なんかドキドキする。

お父さん　これは真央が好きな商品や、お世話になっているお店の会社だね。

真央ちゃん　そうよ。

お父さん　もちろん、どの企業も一生懸命に仕事をしているけれどね。特に、世の中が抱えている問題を解決したり、社会をもっと良くするのに貢献している企業はどれだろう？

真央ちゃん　えーと。

私の好きな会社、お世話になっている会社

晴天堂（ゲーム機）
イツモ（ケータイ）
上村屋（カレー、中華まんじゅう）
マルマル食品（ウィンナー、ハンバーグなど）
ミケネコ通運（宅急便、お母さんが好き）
デイ&ナイト（コンビニ）
エベレスト（喫茶店、ケーキ、上場していないのでダメ）
上杉製薬（風邪薬ピタロン、買いたくない）
サンシャイン・コーヒー（コーヒー・ショップ）
マクダック・ハンバーガー（ハンバーガー）
ドニーズ（ファミリー・レストラン）
東西ストア（スーパー）

お母さん　なかなか、難しい問題ね。どの会社だって自分の会社の製品やサービスを通じて世の中に貢献しているわけでしょう。

お父さん　それはそうだ。だから、自分が好きで、自分がお世話になっている会社を買うのでいい。でも、**世の中をすごく良くしてくれる会社は、人々から受ける感謝も大きい。だから、売上も伸びて、利益も増える。そして株式の価値も増加する。**投資としてはそういう企業の魅力が高いんだ。

真央ちゃん　あ、それはよくわかるわ。

お父さん　真央のリストを見てお母さんが子供のころにはなかった産業って何だろうね。

お母さん　そうねえ、宅配便なんてなかったわ。みんな、小包を郵便局に持って行ったものよ。むろん、携帯電話もなかったわよね。ああ、そういえばゲーム機もなかった。だけど、食品や薬はもちろん、お母さんが子供のころにもあったわ。それから、コンビニもなかった。コーヒー・ショップもいまみたいな形ではなかったわね。みんな普通の喫茶店だった。こうやって思い返すとずいぶん、世の中変わったのね。

真央ちゃん　へー、そうなの。ずいぶん何にもなかったのね。

お母さん　でも、それほど不自由だとは思わなかったわ。だって便利なものを知らないんだからね。不便だと思うわけがないでしょう?

真央ちゃん　ゲーム機がなかったなんて・・・

お母さん　だから、本を読んだり、外で友達と遊んだりしてたわ。

お父さん　おじいちゃんの子供のころはテレビだって本当に珍しかったそうだよ。町にテレビのある家が1軒しかないとかね。それで、プロレスで力道山っていうチャンピオンがでるときなんかは、みんなその家にやってくるんだって。

お母さん　夢みたいね。

お父さん　やっぱり世の中は便利になっている。これも企業がみんながんばってくれたからだ。でも、あんまり便利になってちょっとさびしいと思うこともあるよね。例えばさ、ケータイのメールも便利だけど、たまに自筆の手紙が来たりするとなんかすごくうれしいよね。

　私もちょっとそれはわかる。

お父さん　どうだろう。どんな会社が世の中を便利にしているかな。

お母さん　私は宅配便だと思うわ。

真央ちゃん　私は昔のことを知らないからわからないけど、コンビニは便利だと思うわ。コンビニがなかったら生活はすごく不便だと思うもの。

お父さん　そうだね。他には？

真央ちゃん　えーと、コーヒー・ショップもいいんじゃない？　駅のそばに何軒かできてるわよね。コーヒー・ショップのコーヒーって、喫茶店ほど高くないし、おいしいし。ちょっと待ちあわせたりするのに便利。私はサンシャインが一番好き。だって、子供向きのメニューが一番多いもの。

お父さん なるほど。それじゃあ、真央の好きなものを作っているリストから、コンビニのデイ&ナイトとサンシャイン・コーヒーをもう少し検討してみよう。

お母さん 二次試験合格っていうわけね。

お父さん 真央、お父さんの机の上に新聞があるから持ってきてごらん。

日本経済新聞、いままであまり見たことのない新聞だった。

お父さん 真央、新聞を時々見て、自分の興味のある会社のことがでていたらちょっとメモをとっておくといいよ。何か新しい大切な出来事が起こると記事になるからね。それからね、ずっとページをめくってと、そう、そう。ここが株価欄だ。

真央ちゃん うわー、すごい。これ全部、取引されている銘柄なの?

お父さん そうだよ。ここには東京証券取引所、「東証」って省略されるんだけどね、大企業の東証一部の銘柄、中規模の二部の銘柄、もっと小さい企業のマザーズ市場、それから大阪や名古屋など地方の取引所やジャスダックといわれる新しい企業のための市場などすべての昨日の株価がでているんだ。

真央ちゃん 虫眼鏡が欲しいぐらいね。

お父さん よく見てごらん。銘柄の名前がでているだろう? その右にでているのが株価だ。

真央ちゃん **始値、高値、安値、終値、前日比、売買高**って書いてあるわね。どういう意味?

お父さん　始値というのは、その日に最初についた株価だ。それから株価は上がったり、下がったりして1日が終わるわけだね。その最後の値段が終値。上がったり、下がったりの途中でついた一番高い値段が高値、低い値段が安値っていう。始値は寄付ということもある。キフって書いてヨリツキって読むんだよ。それから終値のことを引値、ヒケネということもある。そして、終値が前の日と比べて何円、変化したかが前日比だ。それから売買高っていうのはその日の取引量。何株の売買が成立したかを示す。この量が大きいほど、売りたい人も、買いたい人もたくさんいるということだから、人気があると言っていいだろう。

真央ちゃん　この銘柄の名前のところにＡとか、Ｂとか書いてあるこれは何？

お父さん　おお、良く気がついたね。これは**売買単位**だ。この単位で株を買える。

真央ちゃん　なーんだ、じゃあ、1株って買えないの？　例えば、この銘柄、７００円って書いてあるけど、７００円じゃ買えないわけね。

お父さん　残念ながら買えない。その銘柄の横にＡって書いてあるだろう。これは１００株単位っていうことなんだ。だから、株価は７００円でもその１００倍の7万円が最低単位ということになる。

真央ちゃん　じゃあ、私には買えないじゃない。

お父さん　これはちょっと無理だね。でも、ここに1万円ぐらいの株があるだろう。これはＢっていう印がついているね。これは1株ずつで売買ができる。つまり、1万円で買えるんだ。

真央ちゃん　あ、それなら何とかなるかもしれない。

お父さん　その他、Ｃだったら10株、Ｄは50株、Ｅは５００株などと決まっている。それから何にも印のないのは１０００株単位だ。これが一番多い。

真央ちゃん　売買高のところが横棒になっているのは？

お父さん　これはその日には取引がなかったということだ。その他、こまかい字でいろいろ書いてあるけど、それはだんだん勉強していけばいい。

真央ちゃん　ところで、この銘柄はどういう順番で並んでいるの？

お父さん　そう、そう。それを話さなければいけないね。上場銘柄にはすべて**銘柄コード**といって４ケタの番号が割り当てられている。新聞の株価欄には業種が書いてあるだろう。一番左の上が「水産・農林」、それから「鉱業」、「建設」、「食品」、「繊維」、少しいくと「化学」、このなかには医薬品が含まれている。そして、「機械」、「電気機器」、「輸送用機器」これは自動車などだね。そして、「商業」、ここには小売店や商社などが入っている。そして、「不動産」や「金融」があって、最後は「電力・ガス」、「サービス」で終わっている。ただ、最近は上場している企業が増えたのでコード番号が足りなくなり、少し変則的な配置もでてきてしまっているようだね。

お母さん　さあ、そろそろ真央ちゃんの買う銘柄を選びましょう。

お母さんの方が結構、夢中になってきている感じ。

新聞の株価欄

東京第1部

3月30日
（月曜日）

銘柄	始値	高値	安値	終値	前日比	売買高
水産・農林						
・極洋	192	194	189	190	▲2	163
A日水	265	270	256	257	▲9	2034.2
・マルハニチロ	129	137	129	133	△4	6890
Aサカタタネ	1348	1364	1311	1311	▲37	70.2
Aホクト	1740	1752	1685	1686	▲54	281.4
鉱業						
A住石HD	91	93	85	85	▲7	426.1
・日鉄鉱	294	297	276	276	▲17	204
・三井松島	107	107	96	96	▲8	3750
B国際石開帝石	7090	7160	6770	6810	▲300	7389
・ガス開	576	578	546	546	▲29	31
A石油資源	4290	4360	4010	4010	▲280	131.9
建設						
Aショーボンド	1822	1880	1822	1829	▲23	126.7
BダイセキS	1770	1800	1760	1771	△1	47
Aハザマ	83	85	82	83	▲2	122.4
C東急建	236	246	235	235	▲11	107660
・コムシスHD	864	872	830	833	▲41	1278
Aミサワホーム	242	243	230	232	▲2	232.9
A高松グループ	1441	1455	1406	1407	▲27	17.2
C東建コーポ	2470	2485	2400	2400	▲30	62620
Eヤマウラ	183	185	183	184	△5	9.0
・大成建	201	202	187	189	▲12	5209
・大林組	500	508	477	479	▲21	5155
・清水建	427	433	405	406	▲16	3594
E飛島建	18	18	17	17	0	1675.0
E長谷工	50	51	48	48	▲3	13321.0
・松井建	375	378	360	368	▲27	32
・鹿島	245	249	236	236	▲16	4679
A不動テトラ	59	60	55	55	▲5	705.2
・大末建	25	27	24	24	▲1	554
・アツギ	133	134	127	129	▲5	1046
ダイニック	117	118	109	110	▲10	36
Aセーレン	475	480	447	450	▲24	75.5
東海染	62	67	62	65	△3	19
・小松精	430	432	418	418	▲12	35
・ワコールHD	1228	1234	1178	1178	▲49	280
Aホギメデ	5490	5530	5440	5460	▲10	50.3
Aサンエーイン	754	754	684	685	▲92	69.2
Aレナウン	120	121	119	119	▲3	236.7
Aクラウディア	1000	1019	1000	1016	△8	3.5
・三陽商	350	352	323	325	▲22	513
・ナイガイ	49	50	46	46	▲4	313
・オンワード	681	685	639	639	▲54	684
・シルバオクス	41	42	41	42	▲1	83
・ルック	71	73	69	70	▲3	153
・ゴルドウイン	131	134	128	128	0	133
・東スタイル	714	726	679	679	▲45	322
・デサント	377	391	377	377	▲2	57
Aヤマトインタ	348	358	348	355	△4	0.5
パルプ・紙						
・特種東海HD	285	287	267	267	▲17	122
・王子紙	434	435	413	414	▲21	6880
・三菱紙	146	147	137	137	▲10	2039
E北越紙	448	448	416	416	▲37	1182.0
・中越パ	259	260	252	252	▲8	243
・巴川紙	239	240	225	228	▲8	585
・大王紙	939	945	881	885	▲54	373
・紀州紙	87	88	85	86	▲29	2380
A日本紙	2650	2675	2455	2460	▲175	702.0
・レンゴー	545	545	516	517	▲31	1113
・トーモク	195	200	189	189	▲7	63
Aザ・パック	1289	1290	1251	1251	▲38	11.6
化学						
Eクラレ	888	891	840	840	▲31	3205.5
・旭化成	369	372	347	350	▲19	5464
A共和レ	430	435	421	423	▲5	9.1
・板硝子	272	282	258	263	▲4	21560
・石塚硝	162	168	162	167	△7	21
・日山村硝	210	217	210	211	0	119
・日電硝	730	738	679	683	▲48	4885
Aオハラ	971	972	903	903	▲69	47.6
・住友大阪	241	249	230	232	▲8	4878
・太平洋セメ	161	163	154	155	▲4	6423
Aデイ・シイ	351	360	351	351	△5	9.1
・日本ヒューム	274	274	264	271	▲3	27
・日コン	116	117	113	117	0	36
・東海カ	405	415	384	387	▲20	3511
・カーボン	210	214	192	193	▲12	4612
A東洋炭素	3800	3900	3550	3570	▲60	214.7
・ノリタケ	293	298	287	287	▲8	149
・TOTO	528	528	493	494	▲32	1828
・ガイシ	1587	1599	1500	1505	▲73	3230
・特殊陶	879	889	830	832	▲57	1942
ダントーHD	70	78	70	73	△3	256
AMARUWA	999	1011	991	993	△3	5.4
B日本セラテク	292	293	280	291.8	△2.8	23
・白煉瓦	158	159	152	153	▲3	69
・黒崎播磨	175	177	169	169	▲5	97
・TYK	247	248	246	247	▲1	11
Aニッカトー	460	460	450	451	▲10	5.4
Aフジミインコ	1250	1250	1180	1180	▲70	30.5
・A&AM	75	75	73	74	0	45
・ニチアス	206	212	199	199	▲4	376
Aニチハ	708	730	692	692	▲8	22.8
鉄鋼						
・新日鉄	286	287	268	269	▲16	40301
・住金	218	219	204	204	▲14	28851
・神戸鋼	142	144	131	131	▲11	10095
・日新鋼	183	184	168	169	▲8	1692
・中山鋼	205	207	197	197	▲8	220
・合同鉄	257	260	240	240	▲19	641
AJFE	2400	2415	2185	2195	▲200	3908.2
A東京製鉄	1030	1060	992	995	▲55	1280.3
A共英製鋼	2045	2060	1934	1934	▲151	144.4
A大和工	2280	2315	2140	2140	▲180	260.9
東京鉄	281	285	264	264	▲25	565
A大阪製鉄	1656	1720	1582	1583	▲43	5.5
・淀川鋼	426	429	410	410	▲26	457
・洋鋼鈑	322	326	313	313	▲9	118
A住友鋼管	524	531	513	513	▲19	30.5
A丸一管	2300	2300	2140	2145	▲120	179.7

株式欄の見方

【株価】 円。ただし売買単位が1株（または1口）の銘柄は100円。
【売買高】 1000株（1000口）。ただし売買単位が1株（1口）、10株（10口）、50株（50口）の銘柄は1株（1口）
【前日比】 △高 ▲安 0は変わらず —は商い出来ず、前日比なし
〔配当落ち〕 ◇高 ◆安 ◈0は前日比変わらず ◈—は前日比なし
〔新株落ち〕前日比較は新株落ち計算値比較
□高 ■安 ⊡0は前日比変わらず ⊡—は前日比なしまたは新株落ち計算値なし
〔その他の権利落ち〕⧄—
〔株式併合または減資〕◉—
カイ買い気配、ウリ売り気配、ケは大証、名証の最終気配
【売買単位】 A 100株（100口） B 1株（1口） C 10株（10口） D 50株（50口） E 500株 F 2000株 G 3000株 K 200株 無印は1000株（1000口）
・貸借銘柄 記号の白抜き表示と■は、特設注意市場銘柄
（注）白抜き数字は昨年来の最高値または最安値。ただし権利落ち日の週内は原則新値とせず、その後は権利落ち後の新高値・安値となる

出所：日本経済新聞より。

お父さん　そうだね。二次試験をパスしたのが、コンビニのデイ&ナイトとサンシャイン・コーヒーだったね。えーと、株価欄で見てみよう。デイ&ナイトはと、売買単位が１０００株だからちょっと真央には高すぎるね。サンシャイン・コーヒーはと・・・。おお、これはいいじゃないか。１株ずつで買えるよ。株価が７０００円ぐらいだから、真央のおカネで十分買えることになる。

真央ちゃん　じゃあ、あたし、サンシャインを買うわ。

お父さん　ちょうどいまは景気も悪い。「応援したい会社が苦しんでいるとき」という基準にもぴったりだ。

お母さん　そういえば、サンシャインだったら株主優待券がもらえるんじゃない？

真央ちゃん　株主優待券ってなに？

お母さん　配当金以外にその会社の製品なんかを投資家にくれることがあるの。サンシャインだとドリンク券とかね。インターネットで調べてみよう。ちょっと来てごらん。まずは、サンシャイン・コーヒーと入力してと。ああ、この『企業情報』のところの『**ＩＲ情報**』を見てみましょう。

真央ちゃん　なに、そのＩＲって？

お母さん　インベスター・リレーションズよ。つまり、投資家との関係を強くするために会社がいろいろな情報をここで流しているわけ。ここで会社の業績なんかもチェックできるのよ。ほら、この下の方に『株主優待』ってでてるでしょう。ここをクリックしてと。あ、1株だとドリンク券を2枚もらえるようよ。好きなドリンクがもらえるんだって。配当金の支払いのときに一緒に送られてくるみたい。

真央ちゃん　それ、うれしいわ。いい会社ね。やっぱりサンシャインに決めてよかったわ。

お父さん　まあ、気持ちはわかるね。でも、投資で本当に大切なのは株主価値と配当金なんだよ。それを忘れて株主優待だけを狙うのは本当の投資とはいえない。

真央ちゃん　でも、やっぱりうれしいわ。

みんな笑って、今日のマネーレッスンは終わった。

真央ちゃんのひとり言

候補銘柄のメモから投資する銘柄を選んだ。お父さんがいう、世の中をもっと良くしたり、世界が抱えている問題を解決したりしてくれる会社ほど人から受ける感謝も大きいから利益も増加するだろうという話は良くわかる。新聞の株価欄の見方を勉強する。株価は1日の最初の値段、一番高い値段と安い値段、そして最後の値段の4つがでている。何株単位で買えるかをチェックすることも大切だと思った。株主優待っていうおまけがついている銘柄もあるということがわかった。

第3課　どんな会社かを調べる

この前のマネーレッスンでとうとう、私は買う銘柄を決めた。私にとって初めての株式投資。きっとこれからも投資を続けていくだろうけど、その第一号だ。ちょっと緊張する。

お父さん　真央もとうとう買う銘柄がきまったね。あとは証券会社に口座を開設して、発注をすればいいんだ。それで真央も株主になる。

私が株主になる・・・。私がサンシャイン・コーヒーのオーナーになっちゃうんだ。これってすごいことだ。

お父さん　真央はサンシャイン・コーヒーが好きだからサンシャイン・コーヒーの株を買おうと決めた。いまの段階ではそれで十分だ。ただ、これはあくまで、練習だということを覚えておいた方がいいね。

真央ちゃん　練習？

お父さん　そう。もっと投資に慣れてきたら、その会社の中身をもう少し詳しく勉強してから銘柄を選ぶようにしなければならない。今日はそのために必要なことを少し勉強しておきたいんだ。

真央ちゃん　わかったわ。

Yahoo! ファイナンスの使い方

① Yahoo! ファイナンスのトップ・ページを開く。
　http://quote.yahoo.co.jp

② 「株価検索」の次にある入力ボックスに銘柄名を入れて「検索」を押す。

③ 銘柄名がでてくるので、そのなかの関連情報から「詳細」を押す。

お父さん　まず、サンシャイン・コーヒーの会社内容について調べてみよう。それにはインターネットがとても便利だ。将来は、会社四季報や、日経会社情報などでデータを取ることも良いが、いまはともかく基本情報だけを見つける方法を知っておこう。お父さんはYahoo!ファイナンスというのをよく使っているから、それを例にとって調べ方を説明しよう。ここに「Yahoo!ファイナンスの使い方」を書いておいた。

お父さん　この「詳細」というページから必要な情報を拾って、この用紙に書き込むんだ。

　お父さんは別の用紙を手渡してくれた。

お父さん　たぶん、真央にはちょっと難しいところもあると思うからお母さんにも手伝ってもらうといいよ。

お母さん　もちろんよ。助けるからやってみましょうよ。

　お父さんは用紙を指さしながら説明をしてくれた。

お父さん　まずは記入日、これは問題ないね。それから、銘柄名。これはサンシャイン・コーヒーだね。きちんと正式の名前を記入した方がいい。サンシャイン・コーヒー株式会社

真央の投資銘柄データ
記入年月日：
銘柄名（コード番号）：　　　　　　　　　　　　（　　　　）
どんな会社か
なぜ、この銘柄に投資をするのか（この会社のどこが好きか）

株価の情報			
投資資金		株　数	
買値Ⓐ		買付日	
1株配当（実績）Ⓑ			
配当利回り（実績）Ⓑ÷Ⓐ			
EPS（実績）Ⓒ			
PER（実績）Ⓐ÷Ⓒ			
BPS（実績）Ⓓ			
PBR（実績）Ⓐ÷Ⓓ			

とね。それから、4ケタの銘柄コードも書きこむ。これもインターネットのYahoo!ファイナンスを見ると銘柄の左にでているから簡単に調べられる。

お母さん　真央ちゃん、大丈夫よ。お母さんが手伝うから。その代わり、株主優待券もらったらコヒーおごってね。

真央ちゃん　あら、それだったら私、ひとりでやってみるわ。

お母さん　冗談よ。ちゃんと無償で手伝うから。

　お母さんとそんなやり取りをしていたら、お父さんが続けた。

お父さん　次に、『**どんな会社か**』というところに書きこむ。自分で知っている範囲でかまわない。サンシャイン・コーヒーだったら、『おいしいコーヒーや飲み物や食べ物を割合安い価格で提供してくれる店をたくさん経営している』とかね。もし、書けないようなら、それはおかしい。自分で買う銘柄がどんな会社かわからないで買っていることになるからね。とにかく、自分のわかる範囲で書く。そして、次が大切なんだ。自分が**なぜ、この銘柄に投資をするのか**をきちんと書いておく。それをしておくと将来、必ず役に立つ。

真央ちゃん　私の場合は、サンシャイン・コーヒーがみんなにおいしいコーヒーなんかの飲み物やお菓子やサンドイッチをだして喜ばれているから買うことにしたの。特に子供向けの飲み物や食べ物も充実してるしね。友達もみんな好きだわ。

お父さん　そう、そう。そんな調子で書きいれてごらん。これは試験ではないからね。これが正解であとはバツということはない。自分の思うとおりを書けばいい。次は株価情報を記入する。最初に投資資金を書いておこう。例えば７０００円で買えれば証券会社に払う手数料を加えた金額が投資資金になる。それから株数、ここは1株だね。そして、買値。いくらで買えたかという値段だ。買付日もきちんと書いておこう。

真央ちゃん　これは、買ったあとに書くのね。

お父さん　そのとおり。そして、あとはYahoo!ファイナンスの詳細情報にでているデータを写す。まず、１株配当（実績）の数字を記入する。これは最近、支払われた配当金の金額だ。そして、この数字を株価で割った値を配当利回り（実績）というところに書く。

Yahoo! ファイナンスの「詳細」にでている
「参考指標」のデータ

時価総額	百万円
発行済株数	株
配当利回（実績）0	%
1株配当（実績）	
PER（実績）	（連）　倍
PBR（実績）	（連）　倍
EPS（実績）	（連）
BPS（実績）	（連）
最低購入代金	
単元株数	株
年初来高値	
年初来安値	

真央ちゃん　そんなに問題はないわね。

お父さん　次はＥＰＳ（実績）の数字を記入する。ＥＰＳというのは1株当たり利益だ。銘柄によっては（連）と（単）という両方がでていることがある。難しくなるからあまり説明しないけど、原則、（連）の方の数字を書いておく。片方しかなければ、その数字を記入する。

お母さん　（連）は連結決算の略でそのグループ全体の数字、（単）は単体決算のことで、こちらはその企業だけの数字なの。普通は連結決算の方が大切なんでしょう。

お父さん　そうだね。この数字を書いたら、今度はＰＥＲ（実績）というところに、株価をこの1株当たり利益で割った数値を書く。ＰＥＲはすでに勉強したね。

真央ちゃん　あ、そうね。思い出したわ。

お父さん　そして最後にＢＰＳ（実績）の数字

を写す。ＢＰＳっていうのは、１株当たりの株主資本だ。株主資本が大切なことは良く知っているね。ここも（連）と（単）の両方がでていたら（連）を書く。片方しかなかったらそれでいい。そして、株価をＢＰＳで割った数字が、ＰＢＲ。これで出来上がりさ。

真央ちゃん　何とかできそうだわ。これ、どんな役に立つの？

お父さん　株式を投資するということは、自分の大切なおカネを企業のために用立てることになる。だから、しっかりと、その会社がどんなことをしているのか、そして、自分が何を期待してその銘柄を買うのかをまず、確認することが大事なんだ。その上で、現在の株価がどの程度の水準にあるのか、配当金、利益、株主資本と比較した数値を把握しておく。もちろん、この表にでていることは本当の入口でしかない。ただ、これからもっと投資の勉強をしていくのであれば、最初から少しは調べて銘柄を買うという習慣をつけておいてもらいたいと思うんだね。

真央ちゃん　わかったわ。ただ、株価だけを追っかけるのではなく、会社を理解するための勉強ってわけね？

お父さん　そのとおり。がんばっておくれ。

お母さん　私もヘルプするわ。

真央ちゃんのひとり言

将来の本格的な投資のための勉強としてお父さんが投資銘柄データという用紙を作ってくれた。特に自分で「どんな会社か」、「なぜ投資するか」を考えて書いておくことが大切だといわれた。それからインターネットで会社や株価のデータを見つける方法も教えてもらった。これは、将来、もっと本格的な投資を始めるための練習だといわれた。

第4課　発注！

学校から急いで帰ってきて、駅の近くの証券会社の前にお母さんと来た。以前、お母さんが勧めていた証券会社の支店だそうだ。すでにお母さんはここに口座を持っているらしい。一緒に証券会社に入る。銀行とちょっと雰囲気が違う。受付でお母さんが「この子が株式を買いたいんです」ということを言ったら、お姉さんがちょっとびっくりしたような顔をしたけど、「それではすぐに担当の者を呼びますので、ちょっとお待ちください」って言ってソファーに座らされた。すぐに別に担当のお姉さんがでてきた。優しそうな感じだったのでちょっとホッとした。

実はお母さんは前もって証券会社に問い合わせておいてくれていた。その結果、口座を開設するには、事前に私のおカネを振込んでおくことが必要だとわかった。そこで、私の引き出しにあった1万円をだして銀行に入れ、そこから証券会社に振り込みをしておいた。それもちゃんとお母さんが説明してくれた。

お姉さんは私の名前を聞いたり、なぜ、株式投資に興味を持ったりしたかなどを少し聞いてくれた。少し、緊張がとれてきたところで「まず、お口座を開設していただかなければなりません」と言って用紙を渡してくれた。名前や住所など、必要な項目をお母さんと一緒に書きこみ、持っていった私の印鑑を押した。

証券会社のお姉さん　これで結構です。ただ、真央ちゃんはまだ、未成年者ですのでお母さまを代理人として登録していただきます。

そう言って、お姉さんは、「未成年者口座での取引に関する届出書」という紙を渡してくれた。これもお母さんと一緒に書き込みが終了。身分証明書として健康保険証をお母さんが見せていた。

それからお姉さんは、お母さんに少し難しいことをいろいろ説明していた。ところどころわかるところもあったけどやっぱりよくわからない。投資家を守るために必要な説明だと言っていた。

さあ、運命の時がきた。発注だ！

お姉さんは「それでは、どの銘柄をお買いになるのですか？」と私に聞く。

真央ちゃん　あの、サンシャイン・コーヒーの株って７０００円ぐらいですよね。それを１株買いたいんです。

お母さん　お年玉を貯めておいたおカネなんです。

証券会社のお姉さん　注文を出すときには成行注文と指値注文というのがあります。

私は、それは取引所を見学したときに勉強していたから、すぐに意味がわかった。

真央ちゃん　指値注文だと買えないことがあるんですよね。

証券会社のお姉さん　ええ、よくご存じですね。今日の引値は７０００円でした。海外市場が大きく動かなければ明日の成行注文でも1万円以内で買える思います。

真央ちゃん　それでは、成行でお願いします。手数料はいくらぐらいですか。

証券会社のお姉さん　20万円以下は一律２７３０円となっています。

お母さん　真央の場合は金額が小さいからどうしても手数料が割高になってしまうわね。まあ、勉強のための授業料のようなものね。

証券会社のお姉さん　では、いま、注文をだしますね。明日の始値で買います。

私の注文がいま、この証券会社から取引所に流れていって、そこで売りたいと思っている人の注文とぶつかって、売買が成立するんだなと思うとちょっと興奮した。でも、今日はもう取引が終わっているので明日まで待たなければならない。

翌日、学校の帰り、駅でお母さんと会って証券会社に行った。お姉さんはすぐにでてきてくれた。

証券会社のお姉さん　はい、７０００円で買えましたよ。よかったですね。それでは約定代金、あ、つまり、お買いになった金額ですね。それと私どもがいただく手数料、２７３０円の合計の９７３０円を今日を含めて４日目にすでにお振り込みいただいている1万円から支払わせていただきます。

少しあまりがでたので証券会社に置いておくことにした。

真央ちゃん　それで株式はいつもらえるんですか？

証券会社のお姉さん　あ、いまはもう、お渡ししたり、こちらで保管したりする株券はないんです。すべて、コンピュータのデータに記録されていますから紛失したり、盗難にあったりするご心配はありません。

ふーん。なんか立派な紙にサンシャイン・コーヒーって書いてある株券がもらえるかと思っていたのに、ちょっと残念。でも、その方が安全だっていうのは良くわかるな。

証券会社のお姉さん　配当金も株主総会で決まれば支払われます。それから株主優待券も送られてきますよ。

ちゃんと私の弱いところを知っている。

お母さんと証券会社をでる。

お母さん　よかったわね。とうとう、株主になったわね。

私もなんかワクワクする。

目の前にサンシャイン・コーヒーのお店が見えてきた。

真央ちゃん　お母さん、ここでコーヒーを飲んでいこうよ。

お母さん　そうね、サンシャイン・コーヒーで乾杯しましょう。

お店に入るとなんか、いままでとは全然違う気がする。

「私ってこの会社の株主なのよ。この会社のオーナーなのよ」ってみんなに言いたい気がする。

お店はお客がたくさん。店員さんも明るく働いている。

「そうそう、その調子でがんばってちょうだい」って心から思った。注文したカフェ・ラテもいつもよりおいしい！

これが、好きな会社を応援するってことなんだな。

夜、インターネットで恐る恐る株価欄を調べてみる。サンシャイン・コーヒーは７０５０

円だった。私が買ったのは７０００円。

真央ちゃん　お母さん！　サンシャイン・コーヒーの株価見た？　７０５０円だよ。50円儲かったよ！

お母さん　あら、出だし好調ね。でも、証券会社に払った手数料を引くとまだ先は長いわね。

あ、そうか。私が払ったのは９７３０円だもの。まだ、50円高じゃ足りないな。

ま、気長にのんびりと投資をしよう。お父さんが言っていたように、**会社が、みんなに喜ばれることをして、その結果、会社の価値が増える。会社が成長するのと一緒に私のおカネも成長してくれればいい**んだなってもう一度、思いなおした。

真央ちゃんのひとり言

学校の帰りに証券会社にお母さんと行き、口座を開設した。お母さんを代理人として登録してもらった。そして、発注！　翌日、学校の帰りに昨日の証券会社でいくらで買えたかを聞いた。私も、ついに自分で選んだサンシャイン・コーヒーの株主になった。

第5課　株価の動きをどうとらえるか

私がサンシャイン・コーヒーの株主になって1週間経った。そして、今日はマネーレッスンの日だ。あの日、お父さんに「今日、お母さんに一緒に行ってもらい、サンシャイン・コーヒーの株式を買ったの」と報告したら、お父さんは喜んでくれた。そしてこれから、毎日、株価と日経平均をノートにつけることをすすめてくれた。

最初は新聞でサンシャイン・コーヒーの株価が書いてある場所を探すのが大変だったけど、毎日、株価をチェックしているとすぐに見つかるようになってきた。同じように日経平均の場所も簡単にわかるようになった。まだ、1週間だけどいろんな疑問もわいてきた。

今日のマネーレッスンが始まった。

お父さん　真央、どうだい、株主になった感想は。

真央ちゃん　うん、何か自分が少し大きくなった気がするわ。サンシャイン・コーヒーのお店の前を通るたびに、『この会社は私の会社なのよ』ってみんなに自慢したい感じ。

お父さん　あ、は、は。それはいいねえ。本当にオーナーなんだからね。がんばってもらいたいだろう。

真央ちゃん　もちろんよ。それで、お父さんに言われたように毎日、サンシャイン・コーヒーの株価と日経平均をノートにつけてるわ。ほらね。
私はノートをお父さんに見せた。

お父さん ほう、なるほど。それで何か発見はあるかい？

真央ちゃん そう、質問があるの。サンシャイン・コーヒーの株価と日経平均の株価って同じように動いている気もするけど、違った動きもする。どういう関係にあるのかしら。

お父さん うん、それを気づいてもらいたくてサンシャイン・コーヒーと日経平均の株価の両方を書くことを勧めたんだ。まず、株価はどんな要因で動くかを考えてみよう。

真央ちゃん 株価は株主の持っている価値を中心に動くんでしょう。

お父さん そうだ。そのとおりだ。でもね、株主の価値はそんなに毎日は変動しないよね。それなのにどうして毎日、株価は動くのかな？

真央ちゃん それも勉強したわ。投資家1人ひとり、株主の価値をいくらと考えるかが違うからでしょう。

お母さん 違う見方をするたくさんの投資家が集まってその銘柄を売ったり買ったりしている。買いたい人と売りたい人の綱引きなのよね。これを需給関係というのでしょう。

お父さん そうだ、さすがにお母さん。要するに株主の価値がこれからどのように成長するかという見通しがみんな違う。1年先を見る人、5年先を考える人、10年ぐらい先を予測する人、みなどのくらい先を読むかも違う。だから、ある人はいまの株価では高いと思っても別の人は安いと思う。そして、株価の動きそのものがまた、株価を動かすことも多い。これらが株式の需給関係を作りだすんだね。

真央ちゃん　そうして、毎日、株価が動いているのね。

お父さん　サンシャイン・コーヒーの株主価値の成長は経済全体の成長と、サンシャイン・コーヒーが独自に努力して達成する成長がある。これはすべての会社にとっていえることだ。つまり、**その会社ががんばっている成長**と、**経済全体の成長**だ。

お母さん　日経平均は日本の代表的な会社の株価の平均だから、経済全体の影響を大きく受ける。サンシャイン・コーヒーの株価はサンシャイン・コーヒー独自の理由と経済全体の両方に影響されるというわけね。

真央ちゃん　ちょっと難しいなあ。

お父さん　つまり、経済全体がこれから良くなりそうだと思う人が増えると日経平均も上昇しやすい。反対に景気が悪くなると思う人が増えると日経平均は下がりやすい。サンシャイン・コーヒーだって経済全体の影響は受けるから、日経平均の動きに影響される。しかし、サンシャイン・コーヒーだけの理由でも変動する。だから日経平均とは同じ動きにはならない。

真央ちゃん　うん、何となくわかるわ。

　いつも疑問に思っていたことを聞いてみた。

真央ちゃん　新聞の株価欄を見ると株価のグラフがでているでしょう。白い棒や黒い棒がたくさん書いてある、あれ、どういう意味なの？

お父さん　ああ、**ろうそく足**だね。ほら、あの棒、ろうそくに似ているだろう。だからろうそく足っていうんだ。これは江戸時代の米相場の値動きを示す方法から始まった日本で長く使われている方法なんだ。

真央ちゃん　白いろうそくと黒いろうそくがあるわけね。白と黒はどう違うの？

お父さん　うん、簡単なんだ。ろうそく足では株価を始値、高値、安値、終値という4つの数値で表すんだ。

真央ちゃん　新聞の株価欄と同じね。

お父さん　そう。それで、始値よりも終値が高かったら白いろうそく、反対に始値よりも終値が安かったら黒いろうそくで書くんだ。

真央ちゃん　あ、なるほど。それで白と黒のろうそくが並んでいるのね。この上下に細い棒がでているこれは何？

お父さん　これはヒゲっていうんだ。ろうそくにヒゲがあるっていうのもおかしいけどね。上の方にでているヒゲは高値を示す。下にでているヒゲは安値を示す。こうやって毎日とか、毎週とか、毎月、時には毎年の株価をろうそく足で書くことができるんだ。こういうのを株価チャートという。

真央ちゃん　私も書いてみようかしら。

ろうそく足のみかた

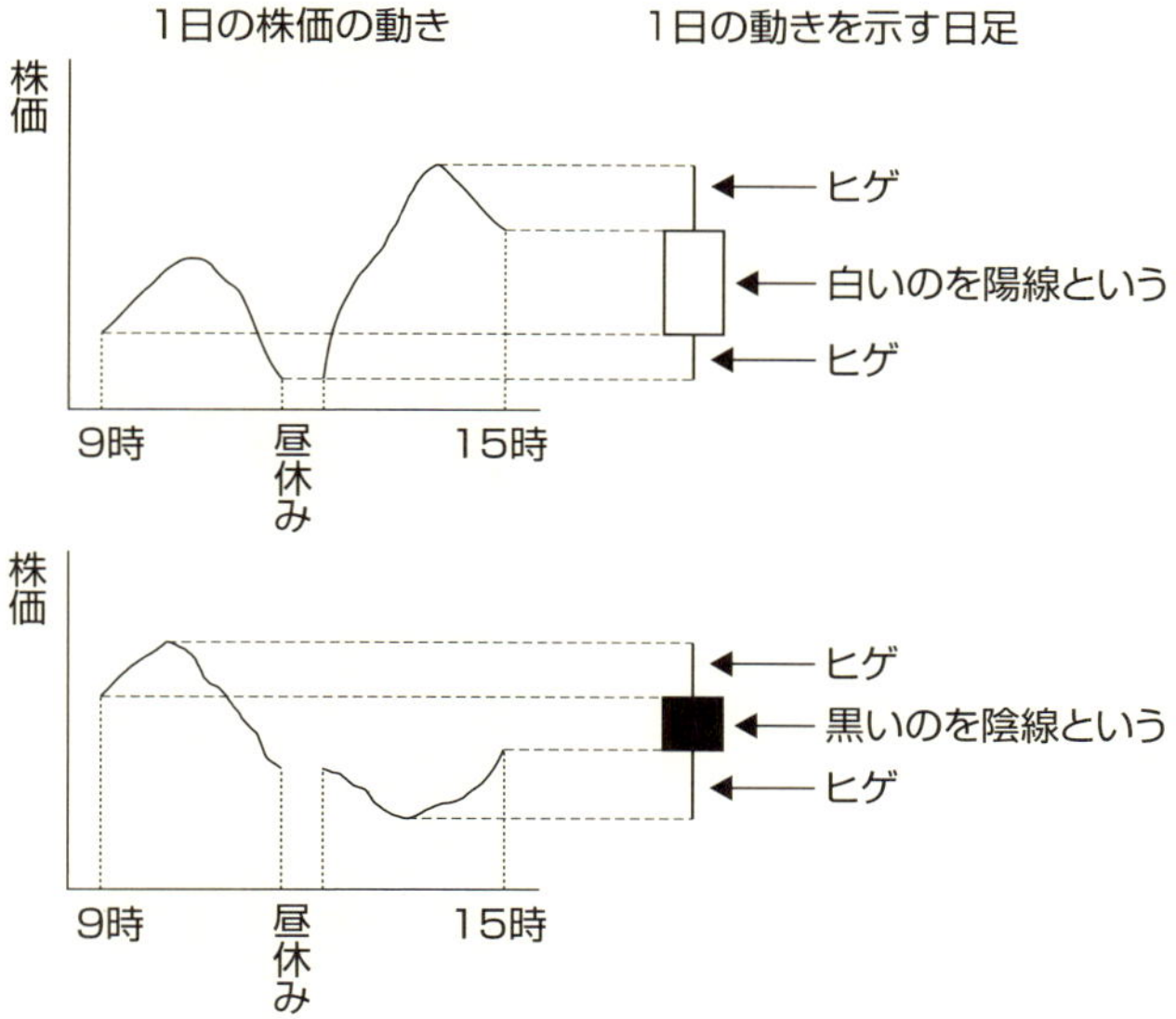

お父さん　それも面白いかもしれない。でも、これはあくまで株価を追っかける方法だ。大切なことは会社の価値とその成長を見極めることにあるんだから、株価チャートにばかり夢中になるのはちょっと問題だね。あんまり株価は気にしないで、新聞で経済やサンシャイン・コーヒーに関係のありそうなニュースを読むようにしてごらん。ともかく、『継続は力』だからね。

真央ちゃんのひとり言

毎日、サンシャイン・コーヒーの株価と日経平均をノートにつけ始めた。両方の株価が同じように動きながら違った動きもするので面白い。お父さんによれば、日経平均は経済全体に大きな影響を受け、サンシャイン・コーヒー株は経済とその会社独自の理由の両方に影響されているとのことだった。そして、新聞の株価欄にでているろうそく足の見方を教えてもらう。最初より最後が高いときが白いろうそく、安いときが黒いろうそく、それに高値と安値を示す「ひげ」が上下につくそうだ。

第**6**章

投資の法則

第1課　リターンってなに？

株価と日経平均を毎日、ノートに書くようになってもう2週間が過ぎた。
それにしても、いったい、株価の動きってどうなってるんだろうか。何か法則のようなものがないのかしら。

真央ちゃん　株価の動きって本当にわからないわね。何か法則のようなものはないのかしら。

お父さん　少なくとも**目先の株価の動きがわかる方法はない**ね。

ずいぶん、あっさりと簡単な答えだ。

お父さん　長期間で見れば確かに株主価値の増減を反映して株価も変動するが、短期では需給関係が大きく作用して、上にも下にもはでにぶれる。だから、短期の株価を当てようとするのは意味がない。

真央ちゃん　でも、短期の売買で儲けようとしている人ってたくさんいるんじゃないの？

お父さん　まあ、そういう人も多い。それもゲームとして悪いわけではない。でも、真央が勉強しようとしている投資は、そういうのとは違って、真央の将来のための長い期間にわたる投資だ。そして、長い期間を通してみると株価の動きにはある程度の法則性があることがわかる。今回からそれを勉強しよう。まず、最初に覚えるのは、株式投資の儲けの計算の仕方だ。例えば1カ月間で７０００円のサンシャイン・コーヒー株が７１００円になったとするだろう。いったい、いくら儲かったといえるかな。

真央ちゃん　そんなの簡単よ。１００円でしょう。

お父さん　そうだね。それでは、仮にムーンライト・コーヒーという会社があったとしよう。その株価が2万円だとする。それが2万１００円になったらどうかな？

真央ちゃん　やっぱり、１００円の儲けじゃないの。

お父さん　それじゃあ、真央はサンシャイン株とムーンライト株と、この期間をとってみたらどっちがいいと思う？

真央ちゃん　やっぱりサンシャイン・コーヒーの方がいいわ。ムーンライトは2万円も投資してるのに１００円しか儲からないんじゃ面白くない。

お父さん　ご名答だ。だから投資の儲けっていうのは、ふつうパーセントで示すんだ。サンシャイン・コーヒーの場合は７０００円投資して１００円の儲けだね。だから１００÷９５００＝１・43％が儲けだ。ムーンライトは１００÷２０００００だから０・５％のリターンにしかならない。この儲けを**リターン**っていうんだ。

真央ちゃん　リターン？

お父さん　そう、リターンっていうのは収益率のことだ。まあ、投資したおカネが生み出す儲けの率だね。リターンは毎日でも、毎週でも、毎月でも、毎年でも、もっと長い期間でも見ることができる。例えば１年間を例にとって考えてみよう。お正月に買った７０００円のサンシャイン・コーヒーの株が、年末には７５００円になったとするね。値上がりが５００円だから、リターンは５００÷７０００だから７・14％ということになる。

真央ちゃん　それはわかるわ。

お父さん　ところで、もし、その1年間のうちにサンシャイン・コーヒーが３５０円の配当金を払ってくれたらいくらの儲けになるだろう。

真央ちゃん　えーと、株価の値上がりで５００円、配当金で３５０円だから合計８５０円。そうすると、リターンは８５０÷７０００っていうこと？

お父さん　そうだ。これを計算すると12・14％ということになる。このように、ふつう株式のリターンは株価の値上がりからくる部分と、配当金からくる部分がある。値上がりによるリターンを**キャピタル・リターン**、配当によるリターンを**インカム・リターン**といい、合計

インカム・リターンとキャピタル・リターン

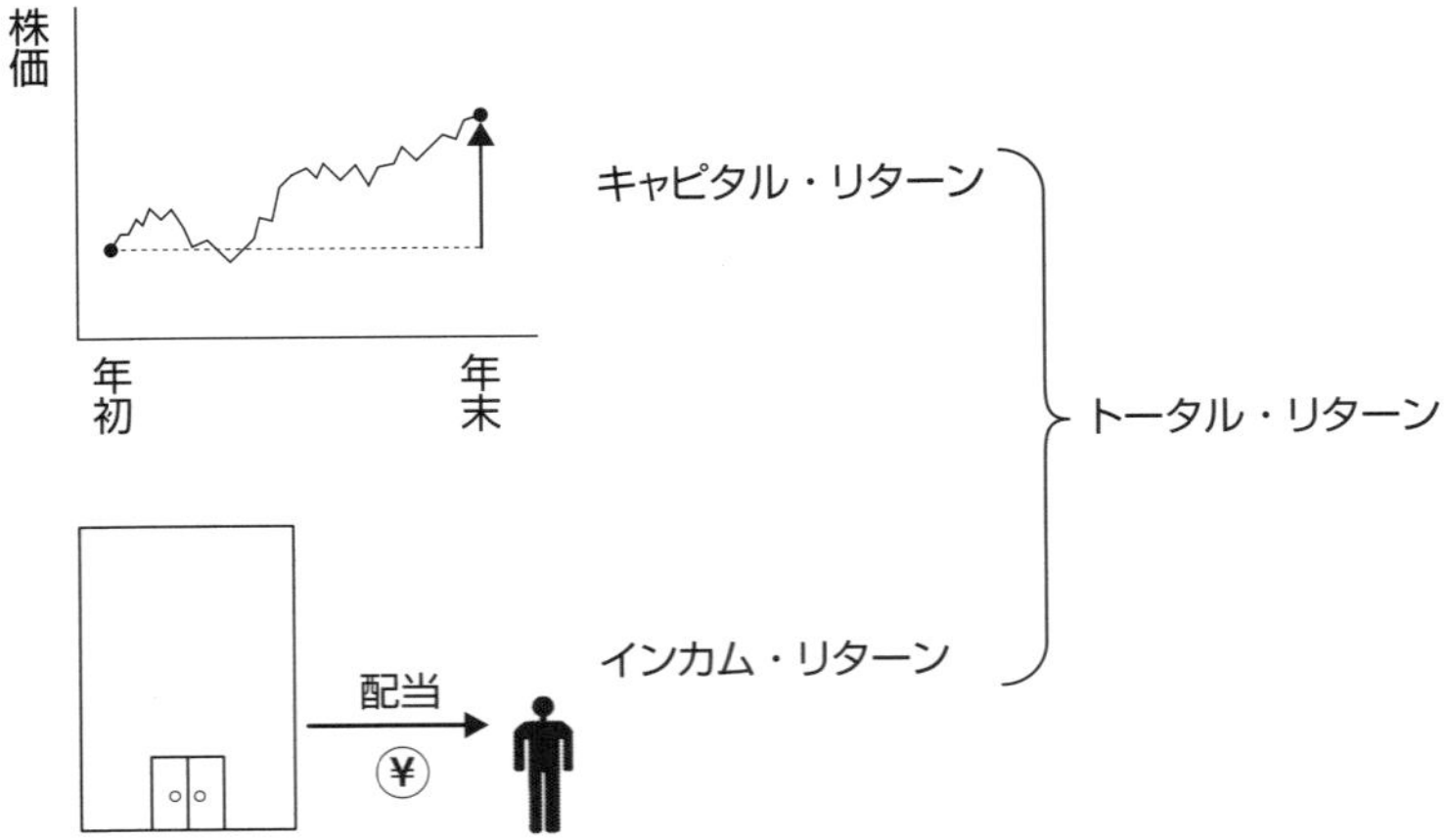

したリターンを**トータル・リターン**っていうんだ。キャピタルっていうのは投資をした金額という意味だね。リターンはいくら儲かったかという収益率。だから、キャピタル・リターンは投資した元本が、株価の変動でいくらになったかという変化率を表しているわけだね。だから株価が下がればマイナスになる。それから、インカムというのは定期的に入ってくる収入という意味だ。

お母さん　ああ、だからお父さんの月給もインカムなのね。

お父さん　そうだよ。月給だってインカムだ。株式投資の場合は配当金だね。債券だったら金利、銀行の利息だってインカムなんだ。そこで、インカム・リターンというと、投資した元本に対してインカムが何パーセントあるかという数値なんだね。だから、トータル・リターンは、キャピタル・リターンとインカム・リターンの合計ということになる。

お母さん　でも、株価って毎日、動いているでしょう。ということは、キャピタル・リターンはいつも変わってしまうわね。

お父さん　そうだよ。いつも変わる。インカム・リターンだって会社の業績で配当金は変化するからこれも変わる。

お母さん　配当金は実際に支払われるわよね。それを使おうと思えば使える。でも、株価が上がって儲かった分はまた、下がってしまうかもしれないわよね。

真央ちゃん　絵に描いた餅みたいなものよね。

お父さん　そのとおり。だから、株価の動きに一喜一憂していても仕方ないんだ。

真央ちゃん　それじゃあ、配当金をたくさん払ってくれる会社の方がいいっていうこと？

お父さん　そうともいえないよ。特に真央のようにこれから長い間、株式を保有して、おカネを増やそうという場合はね。配当金をもらって喜んで使ってしまったら、いつまでたってもおカネはなかなか増えない。それより、会社に株主資本として預けておいて、それをしっかり活用して将来の利益を生み出してくれる方がいいと思わないかい？

真央ちゃん　そうね、私、やっぱり使ってしまう恐れが大きいわ。

お父さん　だからこそ、会社の経営者が本当に良いことのためにおカネを使ってくれることが必要なんだ。投資を考えるときには良い経営者がいることが一番大切だというのはこのことからもわかるね。
と、いうことで今日のマネーレッスンは終わった。「私のサンシャイン・コーヒー、良い経営者のもとでがんばってね」とつくづく思った。

真央ちゃんのひとり言

短期的な株価の動きを予測する方法はない。でも、長期的な株価の動きには、ある程度の法則性があるそうだ。これからの勉強が楽しみ。投資のリターンには値上がりによるキャピタル・リターンと配当金や利子などによるインカム・リターンがあり、この2つを合計したものをトータル・リターンという。

第2課　リスクってなに？

お父さん　前回はリターンについて学んだね。今日はリスクだ。
真央ちゃん　リスクってよく聞く言葉だけど、どうもよくわからない。
お父さん　リスクは日本語では『危険』と訳されているから、人によっては、リスクは値下がりだと思っている人もいるけどそれは違う。今日はそのことを説明しよう。リターンにはキャピタル・リターンとインカム・リターンがあってその合計がトータル・リターンだっていうことはもうわかったね。

真央ちゃん　うん。

お父さん　例えば1年間をとってみれば、株価によってキャピタル・リターンがどうなるかは、1年が終わってみなければ何ともいえない。配当金だって企業の業績に左右されるから、インカム・リターンもわからない。つまり、株のリターンはわからないことだらけなんだ。

真央ちゃん　なんか不安になるわ。

お父さん　今度は預金を考えてみよう。1年物の定期預金をすると、銀行がつぶれない限り1年後には必ずあらかじめ決められた利息が元本に追加されて支払われる。つまり、インカム・リターンははっきり決まっている。預金は株式のように流通市場もないからキャピタル・リターンは生じない。つまり、はっきりとトータル・リターンが決まっている。

真央ちゃん　安心ね。

お父さん　債券はどうだろう。普通の債券は毎年、支払う金利が決まっているからインカム・リターンが変動することはない。ただ、債券には流通市場があり、その時の金利情勢で値段が変動している。つまり、株式ほどではないけれどキャピタル・リターンが変動する。マイナスになることだってある。だから、トータル・リターンは株式ほど大きく変動はしないけど、預金のように確実ではない。

真央ちゃん　つまり、金利が決まっている債券でもどうなるかわからないところがあるってことね。

お父さん　そのとおりだ。そのわからなさを『リスク』っていう。リスクって日本語では『危険』と訳されることが多い。でも、投資の世界では**リスクは『わからなさ』**なんだ。

　お母さんが追加で説明してくれた。

お母さん　リターンは平均的にどれぐらい儲かるかでしょう、例えば1年間の平均をみると毎月のリターンは平均よりも大きかったり小さかったりするわけよね。例えば、同じ平均10%のリターンでもマイナス10%とプラス20%の平均も10%だし、プラス5%とプラス15%だって平均は10%でしょう。真央だったらどっちがいい？

真央ちゃん　私はプラス5からプラス15%がいいわ、やっぱりマイナスになるのはいやだ。

お母さん　そりゃあそうよね。同じ平均だったら変動幅が小さい方がいいわよね。この幅がリスクなのよ。だから同じリターンだったらリスクが小さい方がいいのは決まっているわ。

お父さん　お母さん、説明がうまいね。真央、これを見てごらん。

　お父さんは2つのグラフが書いてある紙を見せてくれた。

お父さん　いいかい、このグラフは１９８０年から1年ごとのリターンを見たものだ。上は

株式と債券、年次リターンの推移（1980年～2008年）

国内株式　平均リターン=6.6%

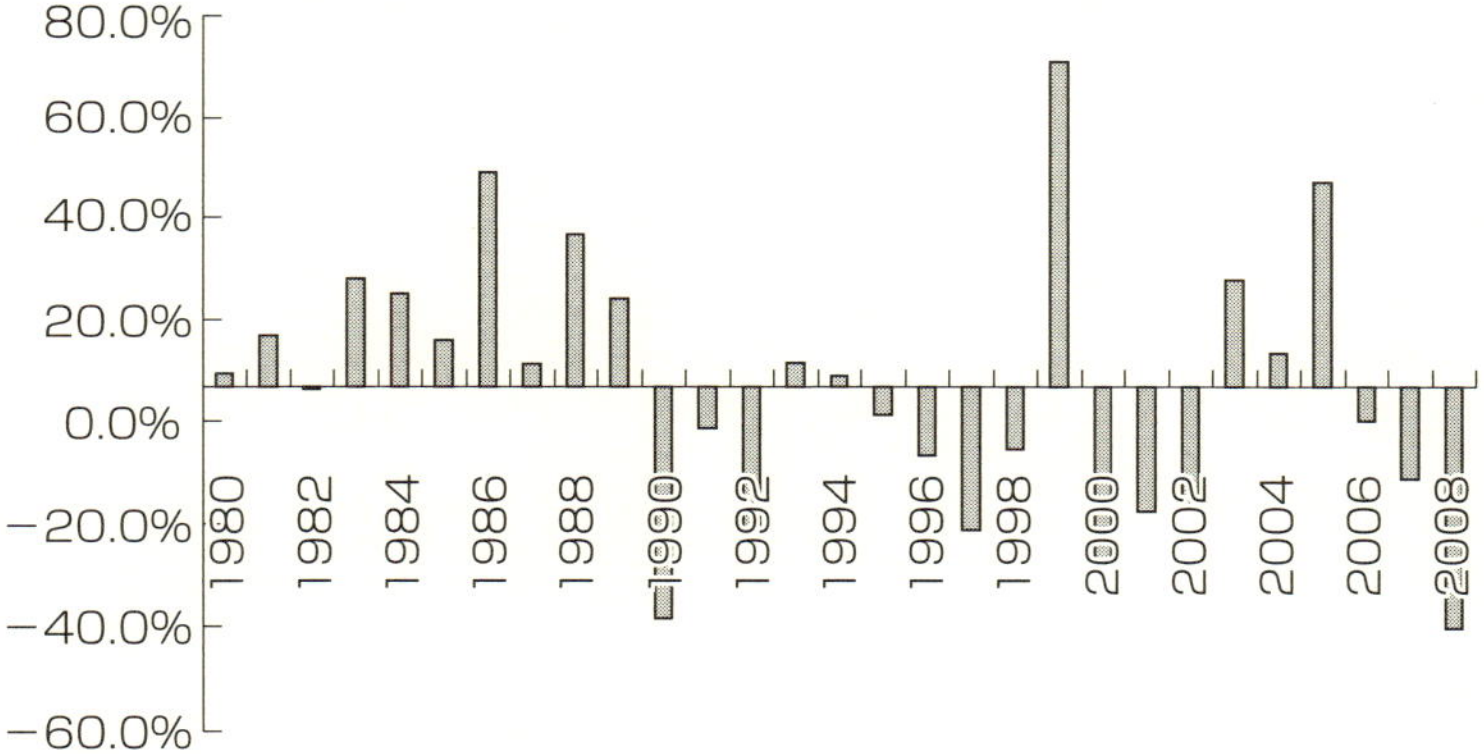

国内債券　平均リターン=5.5%

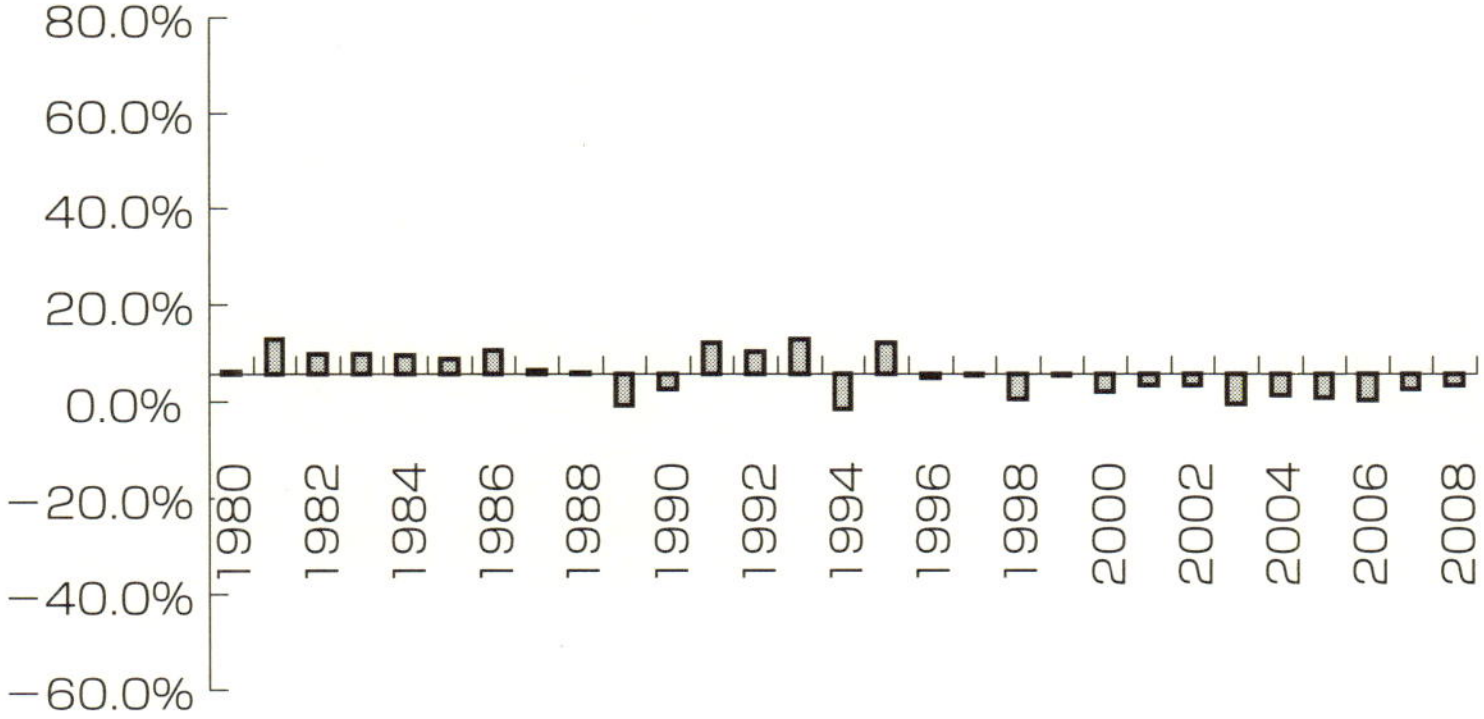

出所：日興フィナンシャル・インテリジェンスのJ-MIXデータより筆者作成。

株式、下は債券のグラフだ。株式と債券では上下への振れ方は全然違うだろう？　株式の方がずっと上にも下にも大きい。要するに株式のリターンはわからなさが大きい。このことからも株式が債券に比べると大きなリスクがあるということがわかると思う。

真央ちゃん　ほんとうだ。すごいわね。株式は良いときは50％も上昇しているけど、下がるときは30％以上、下がることもある。債券の平均リターンは株式よりも低いけど、ずっと上下へのブレが少ないということね。

お父さん　そのとおりだ。ここから、とっても重要な投資の法則がでてくる。でも、それは次回にしよう。

真央ちゃんのひとり言

投資の世界では「リスク」というのは「わからなさ」を意味する。株式の場合には、キャピタル・リターンもインカム・リターンも大きく変動する。だからリスクが高い預金のインカム・リターンは決まっているし、キャピタル・リターンはない。つまり、リスクはほとんどない。債券は、インカム・リターンは決まっているが、キャピタル・リターンは変動する。だからリスクは、株式と預金の間くらいになる。

第3課　リスクとリターンはトレードオフ

お父さん　今日は大事なことを勉強しよう。すでにリターンとリスクについては勉強したね。今回はリターンとリスクがどんな関係にあるかを考えてみよう。

真央ちゃん　難しそうな話ね。

お父さん　いやー、そうでもないさ。常識でわかることばっかりさ。まずね、AとBという2つ銘柄があるとしよう。両方とも平均リターンは10％だ。Aの方は変動幅が大きくて、良いときは50％も値上がりするが、悪いときは30％も値下がりするとしよう。Bの方は良いときも20％しか上がらないが、悪いときでも0％だとする。要するに、Aの方がBよりリスクが高いということだね。真央だったらどっちがいい？

真央ちゃん　平均は同じなんでしょ。Aだったらうまくいけば50％値上がりするチャンスもあるけど、時には3割値下がりする。Bだったら大きく儲かるチャンスはAよりは小さいけどマイナスにはならない。それだったら、私はやっぱりBの方がいいかな。

お父さん　うん。それがふつうの考え方だといっていいだろう。それじゃあ、もし、Aの方は同じとして、Bの平均リターンは5％、良いときは15％値上がりするが、悪いときは5％値下がりするのだったらどっちがいいかな。

真央ちゃん　うーん。これは難しいわね。Aの平均リターンが高いのは魅力ね。でも、年によってうんと上がったり、下がったりしてちょっとヒヤヒヤ、ドキドキね。Bの方はAほどではないけど、さっきの例と違って場合によっては少しマイナスになるかもしれない。そして平均リターンがAの半分よね。

お父さん　そうだね。さらに、Cという定期預金があるとする。仮に平均リターンは1％としておこう。もちろん、リターンの変動はない。その場合はどうだろう。

真央ちゃん　ますます、ややっこしくなってきたわね。リターンが変動しないのは安心だけど、いくら確実だっていっても平均リターンが1％じゃあねえ。この前、銀行で話を聞いたときのことを思い出すわ。あんまりおカネを増やす助けにはならないって思ったもの。

お父さん　いまの話を逆の言い方をしてみよう。もし、高いリターンを狙うなら高いリスクを受け入れなければならない。高いリスクが嫌なら低いリターンで我慢しなければならない。そういうことなんだ。うんとリスクの小さいところに低いリターンの定期預金があって、少しずつリスクが高くなるほどにリターンも高くなる。言いかえれば時にはマイナスになる恐れがあるものに投資するのだから平均リターンは高くなければ買う気が起こらないっていうことだ。

真央ちゃん　それはそうよね。

お父さん　こうして、高いリターンを得ようとしたら高いリスクを取らなければならない、高いリスクが嫌なら低いリターンで我慢しなければならないという関係が生まれるんだ。こ

どっちがいいか？

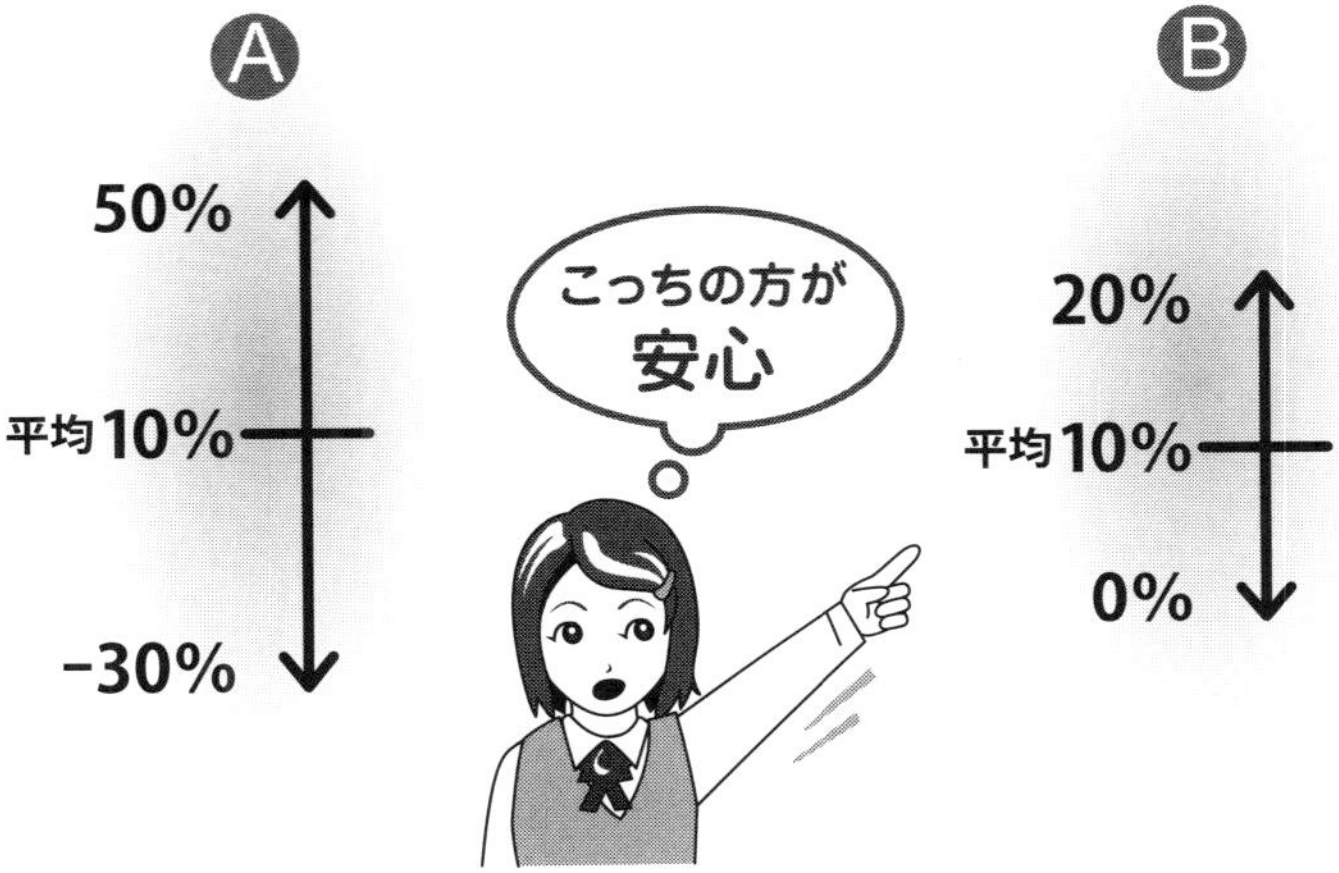
A
50%
平均10%
-30%
こっちの方が
安心
B
20%
平均10%
0%

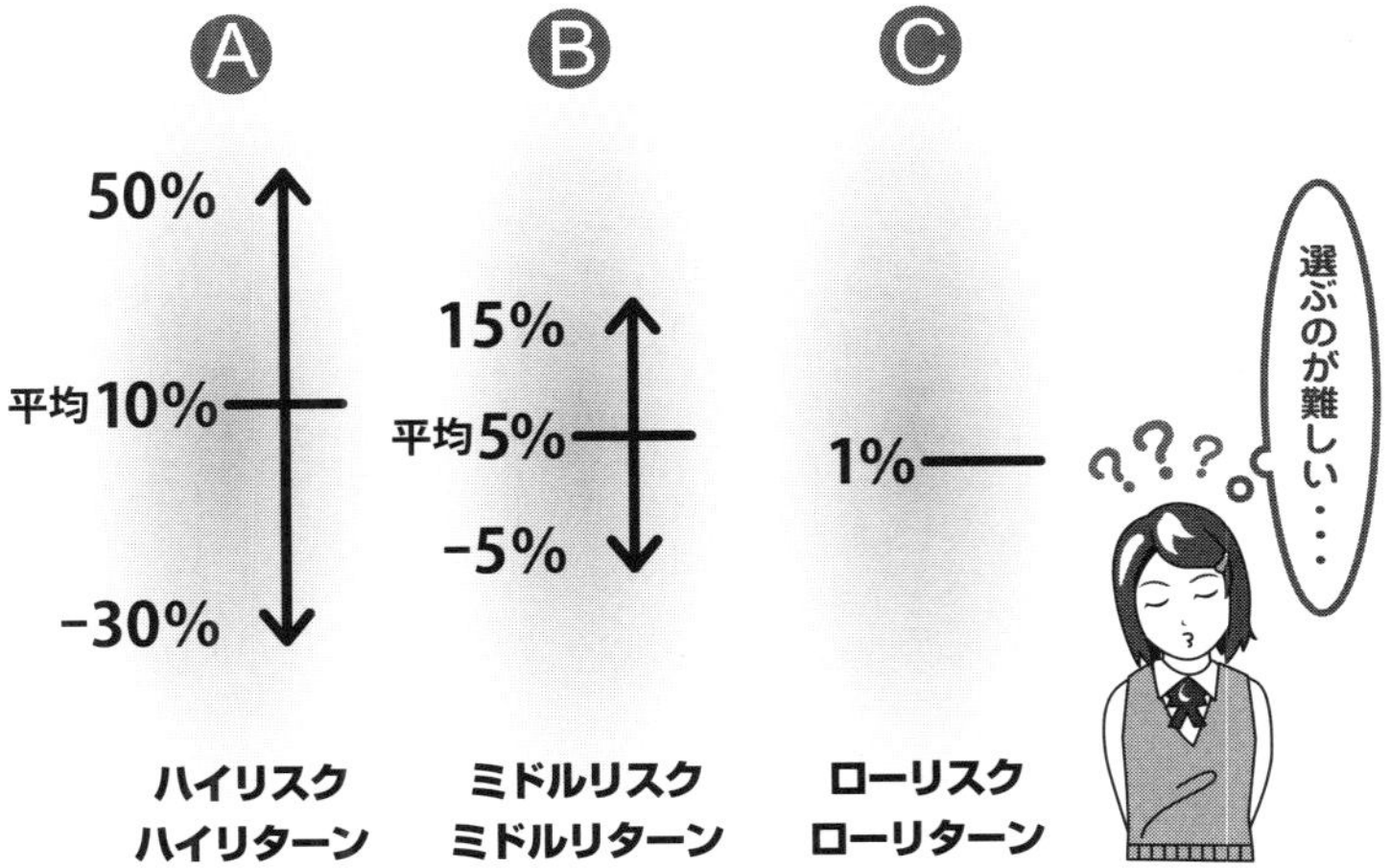
A
B
C
50%
平均10%
-30%
15%
平均5%
-5%
1%
選ぶのが難しい……
ハイリスク
ハイリターン
ミドルリスク
ミドルリターン
ローリスク
ローリターン

れを『**ハイリスク・ハイリターン、ローリスク・ローリターンの法則**』という。これはとっても大事な第一の法則だ。ずっと前にトレードオフっていうことを勉強したね。

お母さん　「トレードオフ」ってあちらを立てればこちらが立たずっていうことでしょう。

お父さん　そう、つまり、リスクとリターンはトレードオフの関係にあるっていうことなんだ。

お母さん　そう、要するに**うまい話には必ず裏に隠れたリスクがある**ってことよ。

真央ちゃん　なんだ、それならわかるわ。

お母さん　でも、テレビなんかで悪い人がものすごく儲かるような話でみんなをだましているというニュースがでていたりするでしょう。ほら、年に20％も30％ものリターンがでるような話。海老の養殖とか、和牛商法とかね。そういうの全部が悪いのかどうかはわからないけど、やっぱり、うまい儲け話やすごく高いリターンの話があったら注意した方がいいわ。『ハイリスク・ハイリターン、ローリスク・ローリターンの法則』は絶対だもんね。

お父さん　とにかく何に投資をしていて、どこからリターンが生まれてくるのかが自分にはっきり理解できることが大切だよ。だから、すごく難しい仕組みで高いリターンがでるといわれて、仮にそれが本当でも、やはり自分の頭で理解できることをするべきだね。

お父さん　ところで、リターンっていう言葉を考えてみよう。リターンって英語では『戻る』って意味だろう。どうして投資が「戻る」なのかわかるかな？

真央ちゃん　うーん、わからない。

お父さん　つまり、自分の大切なおカネを世の中のためになる企業に用立ててあげる。そうするとその企業がおカネを活用して人々に喜ばれることをする。その結果、感謝のしるしとしておカネを受け取る。それが企業の利益だね。その利益が株主に配当として支払われたり、株主資本に追加されたりして株主に『**戻ってくる**』わけだ。**だからリターン**っていうんだよ。

お母さん　あ、それでリターンっていうのね。

お母さんも知らなかったらしい。でも、すごくわかるな。私のおカネが世の中をぐるぐると回って、みんなの生活を明るく、楽しくして、そして、みんなが喜んで、感謝のしるしを払う。それが私のところに戻ってくる。だから「リターン」か。私の頭のなかでは、私のおカネがブーメランみたいに世の中を飛んでいるイメージが生まれていた。

真央ちゃんのひとり言

リターンとリスクの間にはトレードオフの関係がある。つまり、高いリスクを取るのであれば、リターンが高くなければ魅力がない。あまりリスクを取りたくないのであれば低いリターンで我慢しなければならない。これは、ハイリスク・ハイリターン、ローリスク・ローリターンの法則という大事な原則らしい。うまい話には必ずリスクが隠れている。自分で理解できるものにだけ投資をすることが大事だと思った。

第4課　分散投資

お父さん　さあ、マネーレッスンの時間だ。今日は投資の法則の勉強、4回目だ。これまで、リターンとリスクのことを勉強してきて、そして、リスクとリターンがトレードオフの関係にあることがわかった。今日は最初にとても大切なことを言うよ。

真央ちゃん　何かしら？

お父さん　うん、それは、『**リターンはコントロールできないけど、リスクはコントロールできる**』ということなんだ。

真央ちゃん　それどういう意味？　全然、わからない・・・

お父さん　まず、リターンはコントロールできない。これはわかるよね。キャピタル・リターンは株価次第だし、インカム・リターンだって企業の配当金が変動する可能性はいつもある。第一、リターンがコントロールできたらこんな楽なことはない。

お母さん　そりゃあそうよね。10％のリターンが欲しいと思ったらちゃんと株価が上がってくれるなんて、そんな虫の良い話、あるわけないわよ。

お父さん　リターンを自分の意思で動かそうとしても思いどおりには動かない。でも、リスクはコントロールできるんだ。

真央ちゃん　ちょっと待って。リスクって『わからなさ』でしょう。そのわからなさがコントロールできるってどういう意味？

お父さん　グッド・クエスチョン！　つまり、リスクを管理することができるんだ。

お母さん　それって、単に『コントロール』っていう英語を日本語に直しただけじゃない。

お父さん　あ、は、は。こりゃあ失礼。株価はどう動くかわからないけど、その変動の幅を小さくすることが可能なんだ。

真央ちゃん　へえー。マジックみたいね。そんなこと本当にできるの？

お父さん　できる。まずね、いま、3つの会社があるとしよう。3社とも非常に優秀な経営者がいて、お客様に喜ばれ、従業員も一生懸命働き、そして株主の価値を高めてくれている。

真央ちゃん　いいじゃない。そんな会社、株主になりたいわ。

お父さん　そうだね。その3社はみな違うものを作って売っている。A社はサングラスを作っている。B社は日焼け止めクリームだ。そしてC社は雨傘だ。長期的にみれば、3社の株主価値は増加しているけど、彼らのビジネスは天候に左右される。例えばある年は非常に晴れの日が多い年だった。そうすると3社の業績はどうなるかな？

真央ちゃん　晴れが多いんだったらサングラスや日焼け止めクリームがたくさん売れるわね。だから、A社やB社は利益がうんと増えるんじゃない？

お父さん　C社は？

真央ちゃん　C社は雨傘だから売れない。業績は落ち込む。

お父さん　もちろん、株価は業績だけで決まるわけではないけど、まあ、業績のいいA社やB社の株価は高くなり、業績の苦しいC社の株価は安くなる可能性があるよね。

真央ちゃん　それはそうだわ。

お父さん　ここで真央が、A社の株とB社の株を持っていたとして、晴れの多い年にはどうなるかな？

真央ちゃん　AもBも両方が上がるから儲かる。

お父さん　そうだよね。では、雨の多い年はどうかな？

真央ちゃん　両方下がる。だから私のおカネは減る。

お父さん　もちろん、株式投資だからおカネが増えたり減ったりするのは当然だ。しかし、何とかして天候の影響を避ける方法はないだろうか。

真央ちゃん　えーと。

お母さんがにこにこ笑って、

お母さん　私、わかったわ。サングラスのA社と雨傘のC社を半分ずつ持てばいいのよ。

真央ちゃん　あ、そうか！　反対の動きをする銘柄を両方持てばいいんだ。

新しい発見だ。

お父さん　そのとおりなんだ。**違う動きをする銘柄を持つとお互いに動きが消しあって、変**

サングラス、日焼け止めクリームと雨傘の会社

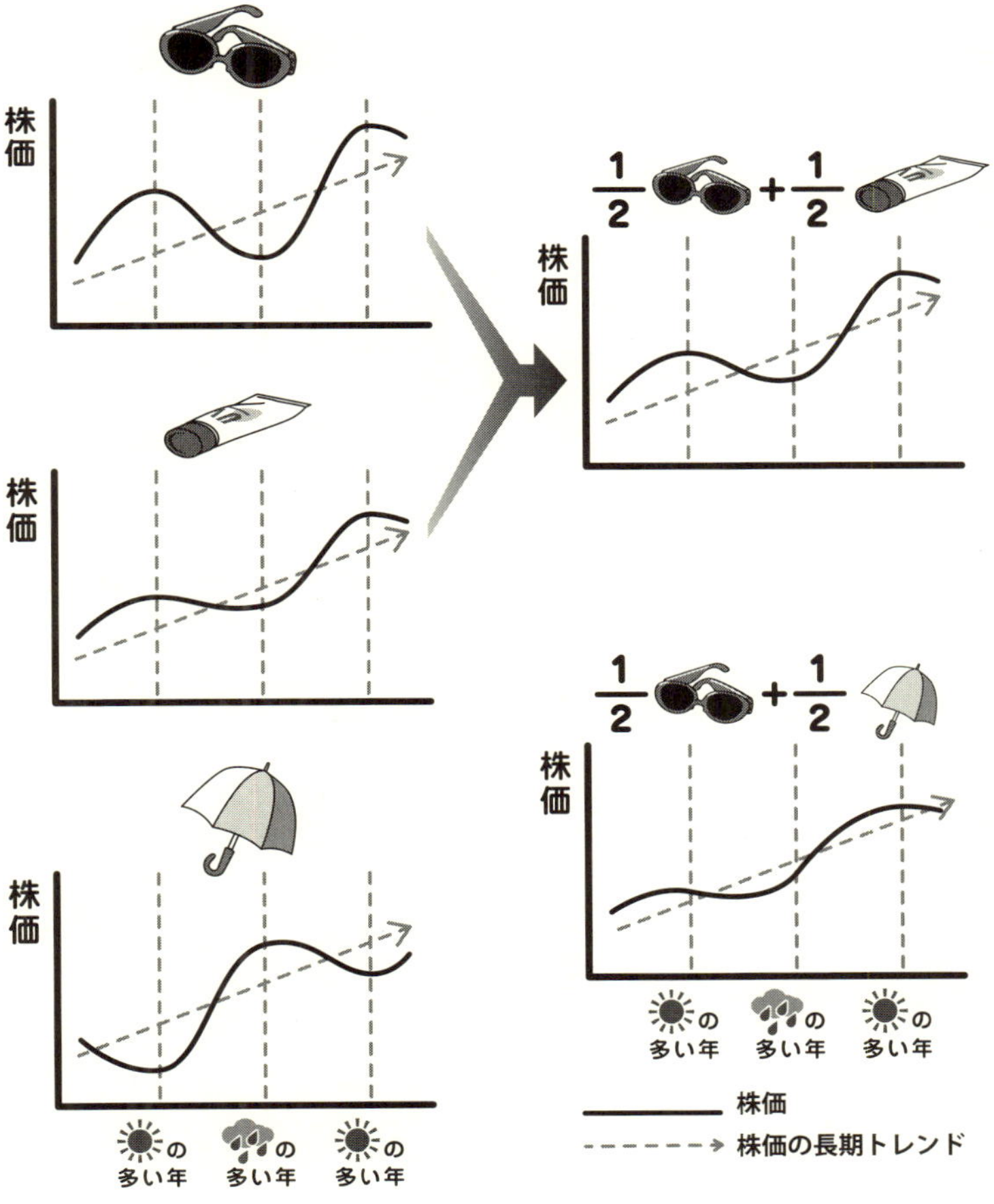

動が小さくなるんだな。つまり、わからなさが減る。リスクが減るということになる。

真央ちゃん　なるほどー。

うまいこと考える人がいるもんだ。

真央ちゃん　でも、そうすると私みたいにサンシャイン・コーヒーしか持っていない人はどうなるの？

お父さん　それは良い質問だ。あまりおカネがない人でもたくさんの銘柄を持てる方法があるからそれはもう少し先に話してあげよう。

お母さん　ああ、投資信託ね。

お父さん　そう。こうして違う動きをする銘柄をあわせて持つことで変動幅を小さくすることができる。これがリスク・コントロールの基本中の基本、『**分散投資**』だ。いろいろな動きの銘柄を分散して持つことでリスクが減る。このようにいくつもの銘柄を集めたものをポートフォリオっていうんだ。

真央ちゃん　ポートフォリオ？

お父さん　そう、もともと、ポートフォリオっていうのは書類の束を入れる紙バサミというか、薄いかばんのようなものだった。それが転じて株式のいろいろな銘柄や債券などに投資をしている全体をポートフォリオというようになった。

投資の世界もずいぶん奥が深い。ピーちゃんはこういう難しいことと関係なく、お日様のあたる陽だまりで毎日しあわせに暮らしている。それもひとつの生き方。彼は私たちに癒しをくれるという大切な仕事をしているんだわ。私は人間。だから、みんなが喜ぶようなことをたくさんしたい。それはおカネがあまりなくてもできるけど、おカネがあったら何倍ものいいことができる。私はやっぱりしっかりと学校の勉強もマネーレッスンもしておカネと向き合って生きていきたいと思う。

真央ちゃんのひとり言

リターンはコントロールできないけど、リスクはコントロールできる。晴れの日が多い年にはサングラスの会社の利益は上がるけど、雨傘の会社は苦しい。反対に雨の日の多い年は、サングラスの会社が苦しく、雨傘の会社は業績が好調だ。だから、これらの株式を半分ずつ持つと天候にあまり左右されずに安定的な資産の成長を期待できる。つまり、株価が違う動きをする銘柄をいくつも持つと全体のリターンの変動率は小さくなる。これを分散投資によるリスク・コントロールというんだそうだ。

第5課　長期投資

お父さん　前回は投資の法則のなかの分散投資を勉強したね。今日は**長期投資**について考えてみよう。

真央ちゃん　長期投資って長い間、株式を持つっていうこと？

お父さん　長いこと持っていれば長期投資というわけでもない。例えばだよ、投機の大好きな人がいて、買った銘柄が大幅に下がってしまった。売るに売れないで長いこと持っている。それって長期投資かい？

真央ちゃん　それはちょっと変ね。

お父さん　まあ、塩漬けになっているだけだからね。塩漬け投資だ。

真央ちゃん＋お母さん　あ、は、は。本当に株のお漬け物ね。

お父さん　投機と投資の違いは前に少し話したことがあるけど、ちょっとおさらいしておこう。**投機**っていうのはね、簡単に言えばサイコロの目を当てるようなもんだ。あるいは、ルーレットとかね。でてくる結果がどうなるか予測がつかない。そして、その結果をコントロールすることもできない。そこに賭けをするのが投機だね。でも、例えば競馬なんかだと、新聞で勉強して馬券を買う人もいるよね。

真央ちゃん　時々、電車で見かけるわ。新聞みながら、ラジオのイヤフォンで何かきいてるのね。

お父さん　そうそう。競馬の場合は馬の調子やなんかを調べることでうまくいく可能性を高めることができる。だから、完全に投機とはいえないかもしれない。株式への**投資**の場合は、株価の動きにある程度の法則性がある。特に長期的にはね。

真央ちゃん　それをいま、勉強してるのよね。

お父さん　そうだ。そして、投資の結果をある程度、コントロールする方法もある。

真央ちゃん　それもいま、勉強中ね。

お父さん　そのとおり。そこが投機と投資の一番、大きな違いだと思う。さて、投資のなかにも**短期投資**と**長期投資**がある。

真央ちゃん　はあ、いろいろ細かく分かれるのね。

お父さん　短期投資は投資の対象が株価だ。そして売ったり買ったりして儲ける。長期投資は投資対象が会社だ。そして、会社のオーナーになることで、会社の株主価値の増加とともに自分の財産を増やすんだ。

真央ちゃん　そこのところはよくわかるわ。いままでずっと勉強してきたことだから。

お父さん　えらい。株価は影だからね。影を追っかけるのが短期投資。実体を買うのが長期投資だ。だから、何年以上、持っていたら長期で、何年以下は短期というような区分けはできないんだ。

お母さん　つまり、長期か、短期かはなぜ投資をしているかとか、どのような気持ちで投資をしているかによるってことね。

お父さん　そういうこと。でも、日本では投機も、短期投資も、長期投資も全部、ひとまとめで『投資』って呼ばれることがとても多い。

お母さん　どうしてかしら。

お父さん　まあ、日本は長い間、経済が成長をしたし、人口も増えていたし、社会保障などもしっかりとしていた。だから、あんまり先のことを自分で考えなくても、会社やお国が面倒を見てくれると思っていたんだろうね。だから、『**将来の自分をいまの自分が支える**』というような、本当の長期投資はいらなかった。その結果、投資というと、投機とか、短期投資ばかりになってしまった。だから、『株をやってます』なんていうと、なんか悪いことをしてるようなイメージを持つ人もいる。でも、これからのことを考えたら、長期投資はどうしても必要なんだけどね。

お母さん　少子高齢化の問題もあるしね。

真央ちゃん　ショーシコーレーカ?

お母さん　そう。人口の少子高齢化。いまね、65歳以上の人が日本には5人に1人いるの。それがね、21世紀の半ば、真央が60歳ぐらいになるときは2・5人に1人が65歳以上になる

私が還暦のころにどうなっているか・・・

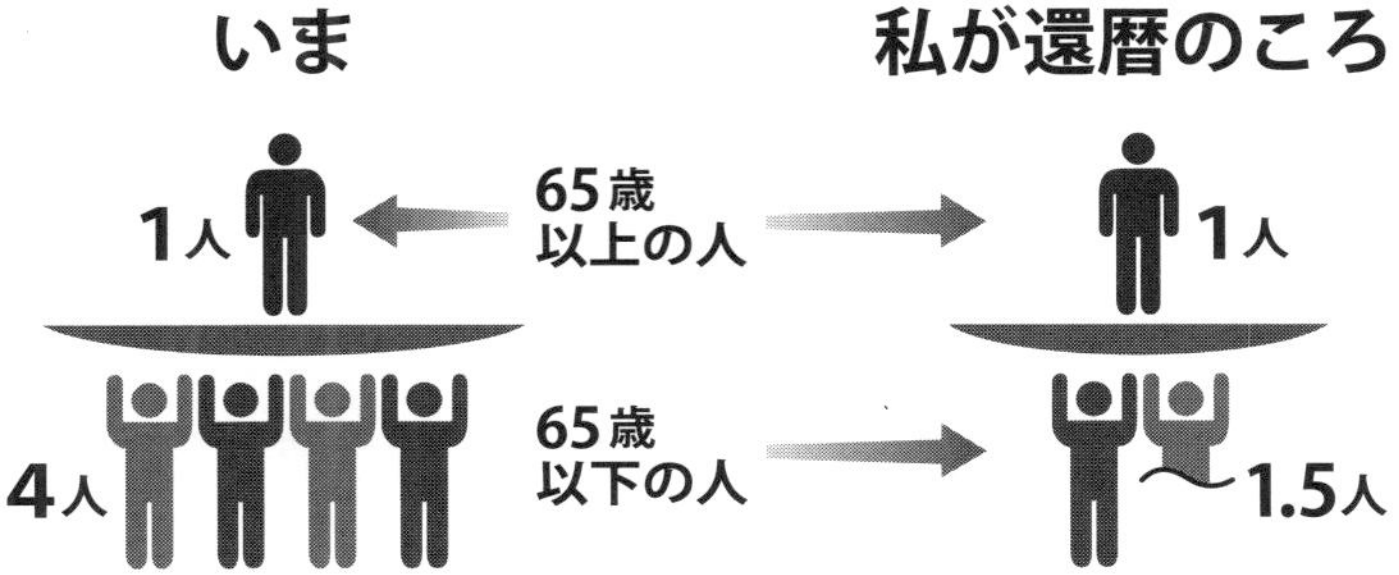

の。しかも、人口はすでに少しずつ減り始めているのよ。やっぱり65歳以上の人は医療や介護でおカネがかかるじゃない。その人たちを支える人口が減っていくということは大変なことよ。あなたが還暦を迎えるころにはあなたを支えてくれる若い人は1・5人しかいないんだからね。だから、若いうちから投資のことも勉強して、おカネを成長させておかなければならないの。そのためにこのマネーレッスンもしているんだからね。

　私が還暦？　ちょっと想像もできないけど、いつかはそうなる。これはえらいことだ。

お父さん　ちょっと話が横道にそれたけど、一生を通じておカネと付き合っていくことが必要なんだ。それこそ長期投資だね。

真央ちゃん　ほんとうね。でも、どうして長期投資だと投資がうまくいくの？

お父さん　リスクの高い株式などは1年ごとを見ると上にも下にも大きくぶれるということは知ってるよね。

良い年と悪い年が打ち消しあう

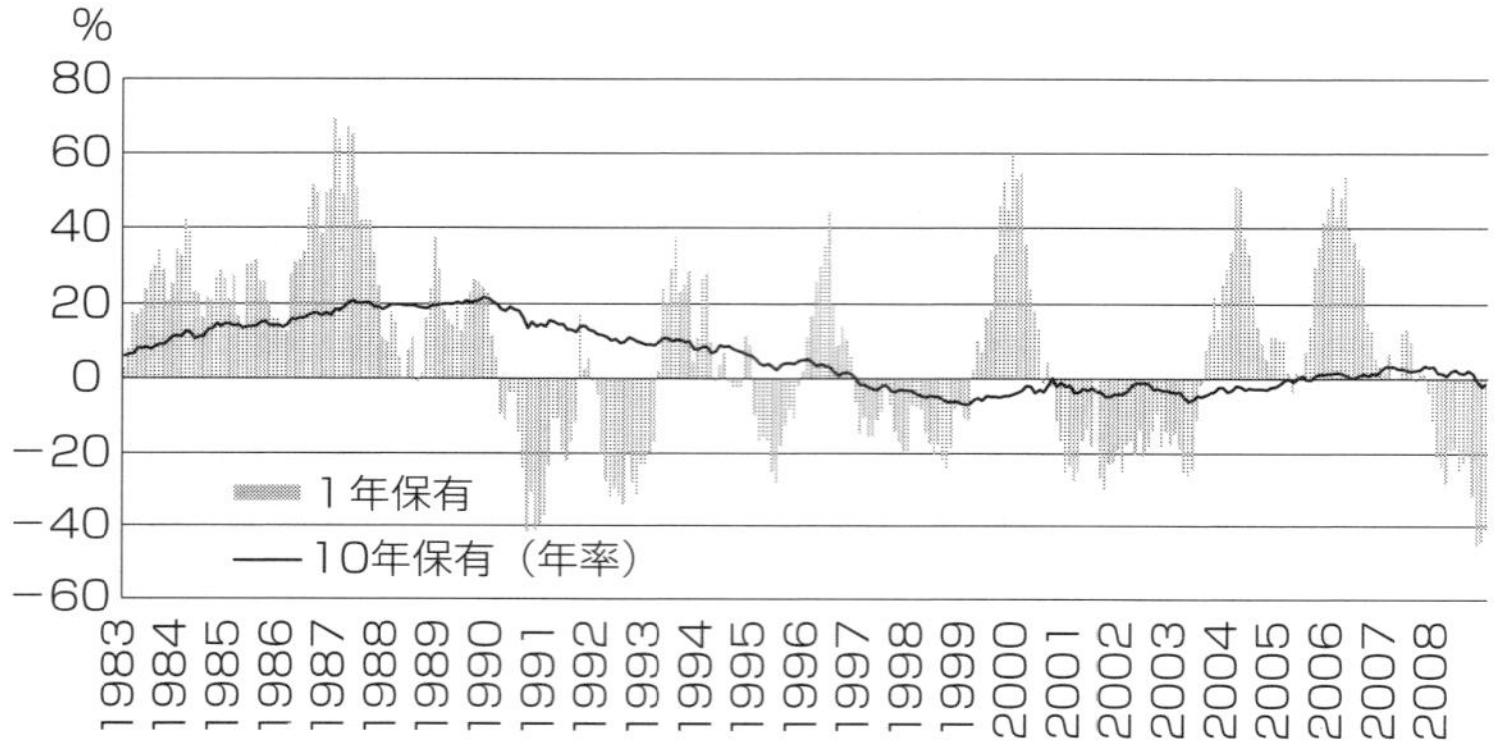

出所：東証株価指数（配当込）から筆者作成。

真央ちゃん　それはもう、勉強したわ。でもその分、平均のリターンは高いんでしょう。

お父さん　そうだね。1年間というような短い期間を見ると株は倍近くなったり半分になったりもする。でも、何年もたって平均を見ると高いリターンになっている。つまり、**上がる年と、下がる年のパフォーマンスがお互いに打ち消しあって、長期間の平均を見ると高いリターンになる**ということなんだ。例えば、この表を見てごらん。

　お父さんは1枚のグラフをだしてきた。

お父さん　この棒グラフの方は東証株価指数の1年ごとのトータル・リターンの変化率を示している。上にも、下にも大きく振れているだろう。一方、線グラフの方はその年までの10年間のリターンを1年ごとに換算してみたものだ。上下への変動がずっと小さくなってるだろう。

真央ちゃん　あ、そうか。10年というような長期で見れば悪い年も良い年も含まれるから変動が小さくなるということなのね。でも、どうして、長期的にみると株式って上昇するのかしら。

お父さん　企業は大きな社会や経済の流れにのって一生懸命にみんなに喜ばれる仕事をして売上をあげ、利益をだして、株主に報いようとしている。だから大きな長期の流れで見れば株主の価値は増加している。これは、長い潮流、大きな川の流れのようなものだね。でも、その大きな川の流れがところどころ逆流したりしているときがある。同じように、経済の状態が苦しくなったり、会社を取り巻く環境が変わったりすることがある。でも、終わらなかった不況はないし、好景気だって時々、失速することはよくある。ひとつの企業だけ見れば高成長したり倒産したりすることもあるけど、企業全体をまとめて見ればやはり価値は増えている。そして、株価も同じだ。市場全体がどんどん上がるときもあれば、下がるときだってある。市場のなかで、上がる銘柄も下がる銘柄もある。でも、長期で分散投資をしていれば、株価は右肩上がりになるんだ。だから分散投資と長期投資が大切だということだね。株価だって大幅に上がる年もあれば、大幅に下がる年もある。上がりそうになる前に買っておいて、天井で売って、また、下がったら買ってと思うかもしれないけど、そんなことがずっとうまくいくことは絶対にない。だから、株価に惑わされないでのんびりと、ゆったりと企業のオーナーであることを楽しめばいいんだ。

真央ちゃん　そうよね。せっかくオーナーになってるんだから。

お父さん　前回、話した分散投資と、今回の長期投資、この2つができれば鬼に金棒。真央の場合、投資できるおカネがそれほどないけれど、次回から勉強する投資信託を使えば世界が広がる。次からいよいよ、一歩、ステップアップして投資信託の勉強をしよう！

真央ちゃんのひとり言

日本は人口が減りだし子供の数も減っているらしい。私が還暦を迎えるころには、私を支えてくれる若い人がすごく少なくなっているという。だから、将来の自分はいまの自分が支えなければならない。そのためには、人生を通した長期投資が必要。株価は変動幅が大きいから、ある年には大幅に上昇、ある年には大幅に下落する。でも、長期でずっと持っていると良い年と悪い年が打ち消し合って平均的に高いリターンを得ることができる。私のようにこれから長い期間投資をする人間には強力な武器だと思った。

第7章　投資信託を学ぶ

第1課　投資信託ってなに？

お父さん　さあ、今日から投資信託について勉強をしよう。

お母さん　投資信託は略して投信と呼ばれたり、ファンドなんていわれたりすることもあるのよ。

真央ちゃん　投資信託ってよく聞くけど一体、何だろうって思ってたの。やっと勉強できてうれしいわ。

お父さん　投資信託っていうのはね、たくさんの投資家の少額のおカネをまとめて、それを専門家が株式や債券に投資する。売買で利益がでたり、配当金や利子を受け取ったりしたら、その金額を投資家に分配する仕組みだ。投資家に分配されるおカネを分配金という。投資家は投資信託を通じて、分配金を受け取りながら株式や債券の保有を続けることができる。直接、株式を買うのと違って、銘柄選びや売買を自分で行わないで専門家にしてもらえるメリットがある。つまり、他の人を信じて託する投資だから投資信託というわけだ。

真央ちゃん　そうすると、自分でどの銘柄に投資しようということは決められないの？

お父さん　そう。決められない。その代わり、一定の投資方針に基づいた運用がされるんだ。

真央ちゃん　でも、なんだかつまらない・・・

お父さん　気持ちはわからないではないが、それを補うようなメリットがたくさんある。まず、第一に**少ない金額で投資ができる**ということだ。それはそうだよね。たくさんの人からおカネを集めるから１人ずつは少なくても全体では大きくなる。

真央ちゃん　だいたい、いくらぐらいからできるの？

お父さん　普通はひと口１万円だね。最近は５０００円とか、もっと少ない金額で投資できる投信もでてきている。だから、真央のお年玉でも十分買える。

真央ちゃん　その点はいいわね。株式に投資しようとすると私の持ってるおカネだと限界があるから。

お父さん　そうだろう。それから、二番目のメリットは、少ない金額でも、大勢の人が投資するので全体は大きい財産になる。だから、株式でも債券でも、**いろいろな銘柄に投資ができる**。自分だけのおカネだと、この間、勉強した分散投資はなかなかできないよね。でも投信を使うとそれが簡単にできる。

投信の仕組み

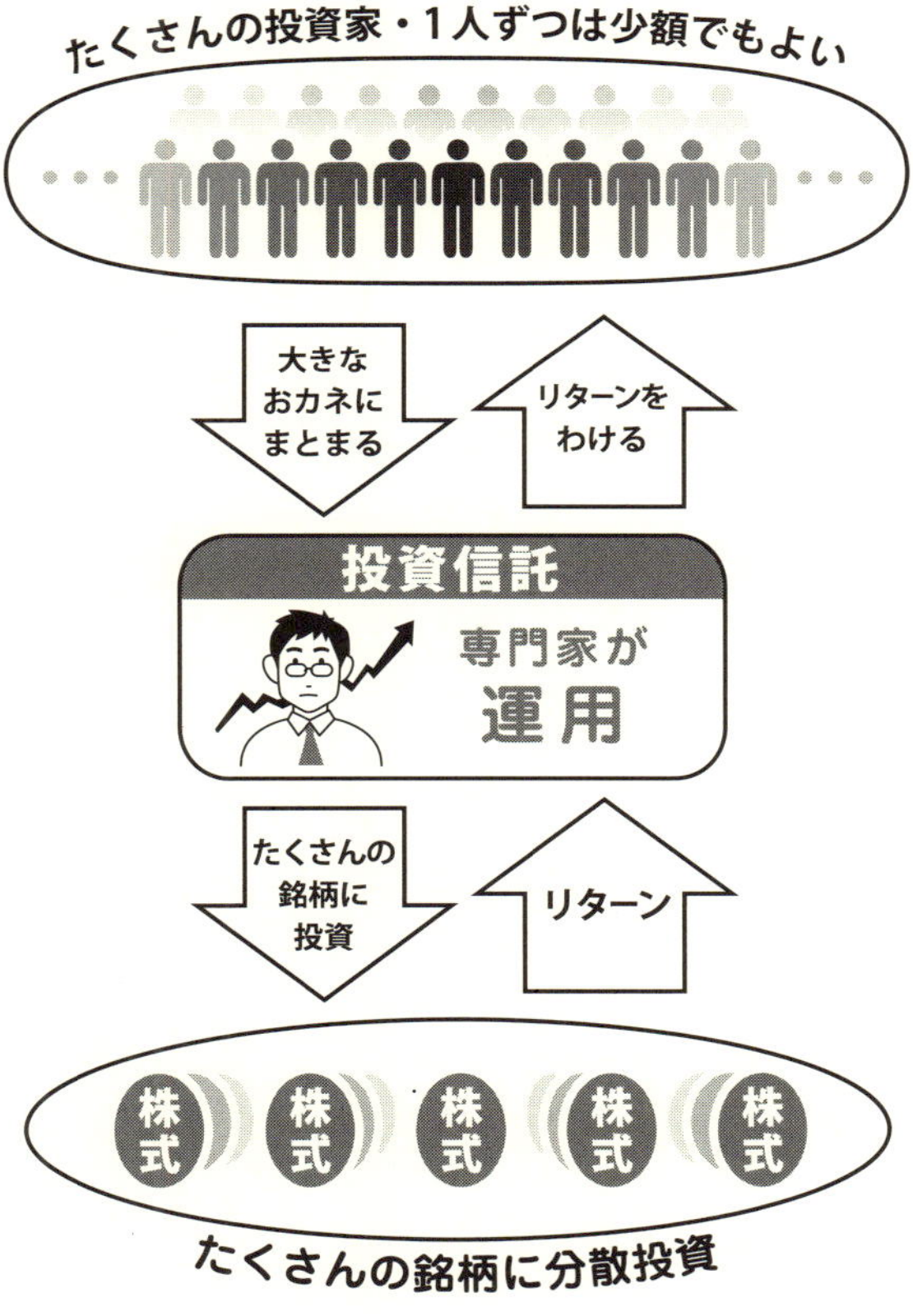
たくさんの投資家・1人ずつは少額でもよい
大きなおカネにまとまる
リターンをわける
投資信託
専門家が運用
たくさんの銘柄に投資
リターン
株式
株式
株式
株式
株式
たくさんの銘柄に分散投資

真央ちゃん　それもいいわね。

お父さん　そして、最後が、**専門家が運用をしてくれる**ということだ。ふつう個人投資家は投資をしようと思っても時間が十分なかったり、知識もあまりないことが多い。投資信託を利用すれば、自分の投資目的に合った投信を選べばあとは専門家がその方針どおり運用をしてくれる。運用の状況は定期的に報告が来るから、それを見ているとわかる。

真央ちゃん　ねえ、お父さん、さっきから、さかんに『運用』っていう言葉がでてきているけど、運用と投資ってどう違うの？

お父さん　あ、そうか。ごめん、ごめん。運用のことを話していなかったね。これについては改めて話すけど、いまは投資と同じような意味だと考えていていいよ。

真央ちゃん　わかった。

お父さん　要するに投信のメリットっていうのは、少ない金額で投資ができる、分散投資ができる、専門家に運用してもらえるという3つがあるんだ。ところで投信の仕事は3種類の会社が分担して行っている。それは、『**売る会社**』、『**運用する会社**』、『**保管や管理をする会社**』だ。まず、どんなところが投信を売っているかを話そう。投信は証券会社、銀行、保険会社、信用金庫などが販売している。また、投信会社が直接、自分で販売することも増えてきている。注意しないといけないのは販売する会社によって取り扱う投信が違うということだ。ここが株式と大きく違う点だね。だから、ある投信を買いたいと思っても自分が口座を開いている販売会社で取り扱っていないと買えない。もちろん、取り扱っている会社に新しく口座を開けばできるけどね。

お母さん　でも、そうやってあっちにもこっちにも口座を開いてしまうと全体を把握するのがすごく大変になってしまうわよね。

お父さん　そのとおりなんだ。だから自分の欲しい投信をよく考えて、銀行や証券会社などに口座を開くときは、その会社が自分の欲しいものを取り扱っていることを確認した方がいいね。投信を持っているうちにいろいろ問い合わせたいことができたり、あるいは、売却したりすることもでてくるだろう。そういう場合は、販売会社に連絡をすることになる。

お母さん　つまり、販売会社が投資家の直接の窓口になるわけね。。

お父さん　次は運用する会社だ。これは投資信託会社とか、投信会社と呼ばれる。ここでは、その投信の運用を担当しているファンド・マネジャーや、証券アナリストと呼ばれる人たちがいて、専門家の目で銘柄を選び、投資を決めている。そして、最後が保管や管理をする会社だ。これは信託銀行が担当している。信託銀行は、他にもいろいろなことをしているが、投信の仕事では資産をきちんと保管して管理する大切な役割を果たしている。だから、投信では、万一、投信会社がつぶれても、資産は信託会社が保管しているから大丈夫なんだ。

真央ちゃん　信託銀行が私たちのおカネを守ってくれるわけね。

お父さん　投資信託が3種類の会社が共同で仕事をすることで成り立っているのはわかった

ろう？　もちろん、みんなタダ働きをしているわけではない。手数料や報酬をとる。だから、投資信託に投資すると結構、コストがかかるんだ。それは投信を選ぶ時に注意しなければならないポイントだね。

真央ちゃん　へえー、どんなコストがあるの？

お父さん　投信を買おうと思ったら、まず、販売会社に口座を開設しなければならない。その上で投信を買う申込をする。ふつう、買うときに**販売手数料**が取られる。これは、販売会社が受け取る。また、保有している間、毎年、**信託報酬**という費用がかかる。信託報酬は、販売会社、投信会社、信託銀行の３社で分ける。そして、売却するときに信託財産留保金とか、解約手数料が取られることもある。まあ、真央のように長期に投資するのであれば販売手数料と信託報酬が一番大切だね。数字だけ見るとわずかのようでも、長期間、複利で投資すると大きな差を生むことになる。

真央ちゃん　コストはみんな同じじゃないのね。

お父さん　違う。販売手数料は販売会社ごとにみんな違う。最近は販売手数料がゼロという投信もある。

お母さん　それ、ノーロード投信っていうんでしょ。

お父さん　そのとおり。それから信託報酬はどの販売会社で買っても同じだけど、投資信託ごとに水準がみな違う。まあ、運用や管理に伴う作業量や手間と関係しているんだね。

真央ちゃん　投信の値段ってやっぱり取引所で決まっているの？

お父さん　お、それはなかなかいい質問だ。投信の値段は**基準価格**っていうんだ。投資信託が組み入れている株式や債券のすべてについて1日の終値を使って時価を計算する。それらを合計してポートフォリオ全体がいくらになっているかを計算する。さらに株式の配当や債券の利息などを加えて全体の財産額を調べ、それを投資家が持っている投信の数、これを口数っていうんだけどね、口数で割ると、ひと口のその日の価値がわかる。それが基準価格なんだ。

真央ちゃん　じゃあ、取引所で値段が決まっているわけではないんだ。

お父さん　そうじゃない。投信が持っている株式などは取引所で値段が決まっているが、投信の基準価格そのものは、持っている証券の値段をもとに計算されるんだ。基準価格は新聞にもでているし、投資信託協会のホームページ（www.toushin.or.jp/fund/kijunsearch/index.html）で検索することもできる。

もうすぐお正月。そうするとお年玉がもらえる。去年のお年玉はサンシャイン・コーヒーの株式になったけど、今度のお年玉は、投信を買ってもいいなと思った。

真央ちゃんのひとり言

投資信託っていうのは、たくさんの人のおカネをまとめて私たちの代わりに専門家が投資をしてくれる商品だということを学んだ。特徴は、少ないおカネでも、分散投資ができ、専門家の力を借りることができるという点にある。ただ、関係者が多いので手数料が高くなりがちなので注意が必要といわれた。手数料には買うときにかかる分と、持っている間中、毎年かかる手数料がある。

第2課　投資信託のいろいろ

投信に関する2回目のマネーレッスンが始まった。

真央ちゃん　私、今度のお正月にもらえるお年玉で投信を買ってみようかと思ってるんだけど、投信にはどんな種類があるの?

お父さん　そうだね、前回は投信の仕組みを勉強したから、今日はその種類について話そう。まず、大きな分類では、**オープン型**、あるいは追加型と呼ばれるものと、**ユニット型**または単位型と呼ばれるものがある。オープン型はいつでも買えるタイプだ。反対にユニット型というのは、募集期間だけ買えるものだ。まあ、真央にはオープン型がおススメだね。

真央ちゃん　そうね、私もいつでも買える方がいいわ。

お父さん　そうだね。だからオープン型について話をしよう。オープン型の場合は、買う時も売る時も基準価格での取引になる。投信はいくつかの分類法があるけど、まず最初は投資対象の地域だ。これは国内、海外、内外に分かれる。

真央ちゃん　要するに**どこに投資するか**ということね。日本か、外国か、両方か・・・

お父さん　そのとおり。もう1つの分類法は、**投資リターンが主としてどの投資対象から生まれているか**による分類だ。例えば債券とか、株式といった分類だね。株式についてもさらに細かく分類できる。株式市場全体を対象とするもの、大型株、中小型株などに投資するもの、また、特定の産業に投資するもの、テーマに沿った銘柄に投資するものなどがある。それらが投資方針なんだ。

真央ちゃん　テーマって何?

お父さん　そう、株式市場ではいろいろなテーマがでてきてそれに関連した銘柄が買われたりする。例えば、温暖化が世界で大きな問題になったとき、環境問題を解決できそうな企業の株式が人気を集めたり、そういう銘柄を買う投資信託ができたりする。環境関連以外でも、資源・エネルギー関連とか、食料や水の関連とかね、情報通信関連とか、ある地域の企業に集中的に投資するものなどもある。配当利回りの高い銘柄を組み入れた投信とか、成長株や

オープン型投資信託の種類

・投資対象がどこにあるか	・投資収益の主な源泉
⇨ 日本	⇨ 株式
⇨ 海外	⇨ 公社債（債券）
⇨ 内外	⇨ 複合型（バランス型）
	⇨ その他

割安株に特化した投信なんかもある。とにかく選ぶのに迷うぐらいたくさんあるんだ。

お母さん　あと、海外株式だと地域別というのがあるわね。

お父さん　あ、そうだね。大きく分ければ先進国と新興国。先進国っていうのはアメリカや日本、イギリスなどのすでに成長している国だ。新興国はいまが育ち盛りの国々。ブラジル、ロシア、インド、中国なんかだね、もちろん、地域ごと、国ごとの投信や、世界の産業ごとの投信、あるテーマに関連する世界の企業に投資する投信などもたくさんある。あと投資収益の源泉になる投資対象として知っておいて欲しいのは、バランス型とか資産複合型と呼ばれるタイプだ。バランス型は複数の資産を組み入れる投信だ。例をあげると、日本株と外国株とかね、いろいろな対象を組み入れる投信なんだ。

真央ちゃん　なんかいろいろな種類があって選ぶのが難しそう。

お母さん　まあ、いろんな種類はあるけど、真央の場合は金額も限られているから、まず株式の投信を買ってみることでしょうね。

お父さん　うん、いま投信はどんどん進化している。販売手数料のかからないノーロード投信も増えているし、投信会社が自分で販売する直販型投信、取引所に上場されているＥＴＦと呼ばれる上場投信やＲＥＩＴと呼ばれる不動産投信などだ。でも、まずは普通の投信を１銘柄か、２銘柄、買ってみることだろう。

真央ちゃんのひとり言

私が勉強するのは、オープン型といういつでも売買できる投資信託でいいといわれた。投資信託は、世界のどこに投資するのか（日本か、海外か、内外か）と、投資リターンが何から生まれているか（株式か、債券か、バランス型か）などによって分類される。私は株式の投信を買うことを調べることにした。

第３課　みんなまとめて応援しよう

お父さん　今日のマネーレッスンでは、投資の手法について話をしよう。

真央ちゃん　投資の手法？　それどういうこと？

お父さん　運用には２つの大きな手法がある。ひとつが**アクティブ運用**。もうひとつが**イン**

デックス運用だ。インデックス運用はパッシブ運用ともいわれる。投信でもアクティブ投信とインデックス投信の2種類がある。

真央ちゃん　アクティブって活発とかっていう意味でしょ。アクティブ運用って活発に売買するということ？　それから、インデックスってなに？

お父さん　うん。これから説明するね。まず、インデックスっていうのは株式市場全体の動きを示す指数だと思っていてくれればいい。指数のことをインデックスっていうんだ。

真央ちゃん　インデックスってじゃあ、ＴＯＰＩＸのようなもの？

お父さん　そのとおり。東証の一部市場全体を表すのがＴＯＰＩＸというインデックスだ。

真央ちゃん　わかったわ。それでアクティブ運用とインデックス運用ってどう違うの？

お父さん　アクティブ運用というのは市場のなかの良さそうな銘柄だけを持って、市場平均や株価指数を上回る運用を狙う運用なんだ。つまり、ＴＯＰＩＸのリターンが10％なら10％以上のリターンを上げようというわけだ。一方、インデックス運用というのは市場指数以上のリターンを狙うというような大それたことは考えず、市場並みのリターンを確実に得ようというやり方だ。ＴＯＰＩＸと同じリターンを狙うわけだね。

真央ちゃん　それだったらアクティブ運用の方がいいに決まってるんじゃないの？　だって、インデックス運用は市場並みだけど、アクティブは市場以上のリターンなんでしょ？

お父さん　アクティブ運用は市場以上のリターンを『狙う』んだ。市場よりも高いリターンを狙うためにはどうしなければならないかな？

真央ちゃん　ハイリターン・ハイリスクの法則でしょ。高いリスクを取らなければならない。

お父さん　そうするとどうなるかな？

真央ちゃん　えーと、リスクが高いということはわからなさが大きいということだから、うまくいけば高いリターンがあるけれど、失敗すればやられ方も大きいということ？

お父さん　そのとおりだね。一方のインデックス運用は市場と同じリターンになることを狙う。だからリスクも市場と同じレベルにする。アクティブ運用は市場よりも高いリスクを取らないと市場以上のリターンを得ることはできない。

真央ちゃん　難しい選択ね。でも市場とおんなじリターンを取るためにはどんな運用をしたらいいの？

お父さん　簡単にいえば、市場に上場されている銘柄をすべて市場と同じ比率で買えばいい。実際には、もっと少ない銘柄で市場に連動するポートフォリオを作る方法もあるけどね。

真央ちゃん　でも、それってものすごくおカネがたくさんいるでしょう？

お父さん　もちろん、真央だけのおカネで東証一部と同じような動きをするほどのたくさんの株式を買うことは無理だよね。でも、投資信託だとできる。１人ずつのおカネは小さくてもたくさんの人のおカネを集めるからね。インデックス運用には非常に優れた点も多い。だからインデックス運用について少し勉強しておくことはとても有益だと思う。この間、ひとつの銘柄のリターンはその銘柄だけの理由と、市場全体の理由の両方の影響を受けることを話したね。しかし、持っている銘柄をどんどん増やすと個別銘柄のリスクはなくなり、市場のリスクだけが残る。これが市場リスクだけを取って市場のリターンを得ようとするインデックス運用の考え方なんだ。このようなポートフォリオは完全に分散されたものだといえる。

真央ちゃん　なんか、難しいわね。

お母さん　つまりね、サンシャイン・コーヒー株を持っていると、サンシャイン・コーヒーという会社に何が起こっているかが気になると同時に、経済とか市場全体がどうかを気にしなければならない。サンシャイン・コーヒーの株価は両方の影響を受けるからね。インデックス投信だと、全体の影響だけ気にしていればいいわけよ。

真央ちゃん　でも、アクティブ投信は市場全体のリターンより高いリターンを狙うんでしょう。そういうところをたくさん持ったらすごくいいリターンが得られるんじゃないの？

お父さん　例えばね、真央のクラスで試験があったとしよう。その結果、平均点がでるね。どのぐらいの子が平均点以上になって、どのぐらいの子が平均点以下になるかな？

真央ちゃん　まあ、だいたい、半分が平均以上、半分が以下じゃないの？

お父さん　そうだろう？　市場のリターンっていうのは試験の平均点のようなものなのさ。アクティブ投信はみんな平均以上を狙うけど、絶対に全員が平均以上になることはない。

かならず、平均より悪い投信もでてくる。どの投信が平均以上のリターンを取り続けることができるかということを予測するのはすごく難しい。そうすると結局、市場全体のリターンを確実に取った方が有利だということになる。その上ね、インデックス投信は信託報酬などのコストがアクティブ投信に比べて安いんだ。

お母さん　あ、そうなのよね。でも、それってなぜなのかしら。

お父さん　うん、まず、アクティブ運用を考えてみよう。市場インデックスを上回る成績を出すには、他の投資家が気付いていないニュースや情報を先に手に入れて、株式などを先回りして買うことが必要だ。そして、みんながそのニュースや情報に気付いて、株式を買いだし、株価が上がったらそこで自分は売る。そうすると儲かる。しかし、人より早く正確なニュースや情報を手に入れるためにはエコノミストという経済を予測する人や、アナリストという証券分析をする人、チャーティスト・テクニカルアナリストといわれる株価を分析する人などたくさんの人がいる。そして、いろいろなニュースを収集したり、データベースを使ったり、会社訪問をしたりと、ものすごくおカネがかかるんだ。そのためにどうしても運用をするコストが高くなり、それが毎年支払う信託報酬に跳ね返ってくる。そこにいくとインデックス運用は個別の銘柄の分析はそれほど必要ない。市場と同じような動きになるポートフォリオを、コンピュータを使って作るのが普通だ。だからコストがずっと安い。

お母さん　なるほどね。それじゃあ、コストの高いアクティブ投信をたくさん持って、結局

インデックス運用とアクティブ運用

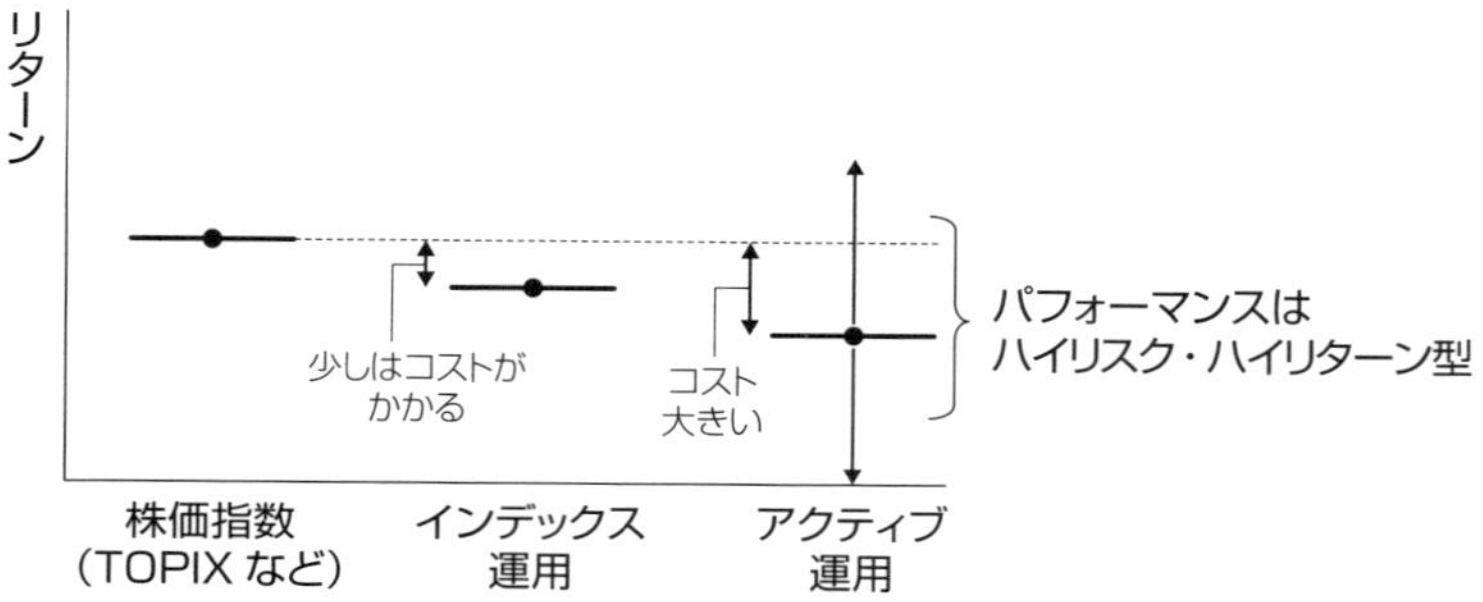

半分は平均点以下になるなら、最初から平均点を確実に取れるコストの安いインデックス投信を持った方がいいというわけね。

お父さん　さすが、お母さん。経済観念が発達しているね。

真央ちゃん　でもさ、株式投資は応援したい会社のオーナーになるのが基本だっていつも教えてもらっていたわ。インデックスだとそこはどう考えたらいいの？

お父さん　簡単さ。**上場企業全部まとめて応援する**という気持ちがあればいいんだ。もちろん、そのなかにはいろいろ問題のある企業もあるし、なかには倒産してしまう企業もあるかもしれない。でも、逆にすばらしく成長する企業も、良いことをたくさんしている企業も必ず入っている。自分の判断で、完全に良い企業と悪い企業、成長する企業と衰退する企業が区別できればいいけど、実際には難しいよね。市場のなかでたくさんの投資家がそれぞれ評価をして、いい会社には高い値段をつける、悪い会社には安い値段をつける。言いかえれば株式市場に入っているおカネ全部のうちどれぐらいがそれぞれの企業に振り向けられているかという比率に応じて投資をする。これを、ちょっと難しく言えば、時価総額に基づいた配分というんだ。だから、真央が１万円でＴＯＰＩＸに連動するインデックス投信を買ったとすると、あとは何もしなくても、そのうちの５００円は世界自動車とか、３００円はイツモ携帯とか、自動的におカネを配分して応援していることになる。その配分の比率は、投資家みんなが売り買いをした結果の株価によって決まっているということだ。

真央ちゃん　ふーん。なんだかちょっと難しいけど、たしかにみんなまとめて応援するっていうのも面白いかもしれないわね。

お父さん　まあ、お年玉の使い道としてインデックス投信も検討の対象にしてごらん。

真央ちゃんのひとり言

投信は、運用の手法によってインデックス運用とアクティブ運用に分けられる。アクティブ投信は、市場全体よりも高いリスクを取って市場よりも高いリターンを狙う。成功すればうんと儲かるが、失敗すれば市場より低い儲けになる。インデックス投信は市場と同じようなリターンを取ることを目指す。インデックス投信の手数料はアクティブ投信よりも安い。インデックス投信に投資すると、上場している会社をすべてまとめて応援することになる。

第4課　世界を駆けめぐる私のおカネ

今日のマネーレッスンは珍しくお母さんが口火を切った。

お母さん　私、ときどき思うんだけど、日本の株式市場に投資していて大丈夫かしら？　だって、日本は人口が減り始めているし、経済も成熟して、これから経済が大きく成長することはないでしょうし、政府の財政も大幅な赤字なんでしょ。どうも政治のリーダーシップというのもイマイチだしね。日本がそんなに成長しないんだったら、日本の会社に投資をしていてもそれほど株主価値が増えないんじゃないかしら。そこが心配だわ。

お父さん　そうだねえ。日本は非常に大きな課題を抱えていることは事実だ。世界全体がグローバル化という現実のなかで、新しい体制を模索している。日本も同じだ。確かに10年前とか、20年前とかを考えると日本もそれなりに変化していることは事実だが、どうもスピードが遅いよね。他の国と比べると。

真央ちゃん　改革、改革ってずっと言ってる割にはゆっくりね。

お父さん　ちょっと振り返ってみよう。第二次世界大戦が終わったのが1945年。その後、長い間、アメリカとソ連の間で冷戦が続いた。でも、80年代後半ぐらいから、社会主義体制の限界が深刻になり、1991年にはソ連が崩壊してロシアが成立した。米ソの冷戦が終わったことで、世界の資本が自由にどこにでも動けるようになり、21世紀になってから、ますます、世界の経済は一体化していったんだ。つまり、世界の企業がどんどん、以前はソ連の仲間だった国に進出したり、まだ、発展途上にある国にも工場を作ったりして、グローバル化したんだね。

お母さん　ＢＲＩＣｓって盛んに話にでるものね。

真央ちゃん　え？　ブリックス？

お母さん　そう、ブラジル、ロシア、インド、中国、つまり、チャイナね。アメリカの証券会社が調査レポートでその４つの国の頭文字をとってＢＲＩＣｓと名付けたのよ。レポートで、２０２５年ごろにはこれらの４つの国が世界経済の中心的な存在になるだろうという内容だったわ。私も証券会社時代の友達にレポートを見せてもらったことがある。彼女はそれからずいぶん、ＢＲＩＣｓに投資する投信を買って儲かったって喜んでたわ。

お父さん　そう、すごいブームだったね。ともかく、世界の経済はアメリカ、日本、イギリス、フランスやドイツなどの先進国から、新興国にまで拡大して、ゆっくりとだけど世界中の人々の生活が良くなり始めている。

お母さん　そうらしいわね、ＢＲＩＣｓでも大金持ちが生まれたりしているらしいし、普通の人たちの生活もだんだん良くなっているらしいわね。日本でも１９５０年代の終わりから60年代に、白黒テレビ、洗濯機、冷蔵庫が爆発的に売れたわよね。東京タワーができたころね。私の生まれる前だわ。

お父さん　60年代後半には３Ｃといって、カー、自動車だね、クーラー、カラーテレビが売れた。いまのＢＲＩＣｓはそんな感じで成長しているんだ。

お母さん　あのころは株式市場もものすごい勢いで上昇したらしいわね。

お父さん　そういうときもあったけど、また、証券不況といわれる時期もあった。でも、日本全体が若くって元気だった。日本はいろいろな問題や課題を乗り越えて成長してきた。ＢＲＩＣｓや、それらに続く**新興国**もきっと昔の日本のように成長していくのだろう。だから、それらの国の株式に投資するのは良いと思うよ。

真央ちゃん　新興国っていうのはなに？

お父さん　ごめん、ごめん。説明を忘れていた。新興国っていうのはいま、若くって元気な育ち盛りの国という意味さ。真央みたいなものだな。その代表選手がＢＲＩＣｓだ。

真央ちゃん　じゃあ、日本株を買うよりそういう国の株を買った方が良いっていうこと？

お父さん　新興国の株式を買うのはいいけど、**先進国**の株式だって世界の成長の恩恵を受ける。よく考えてごらん。先進国にはたくさんの良い品物を作ったり、サービスを提供したりする会社があるだろう。そういう企業が、どんどんグローバル化している。例えば日本企業だって最初は日本で生産も販売もしていた。それが日本で作ったものをアメリカなどに輸出をするようになった。その次の段階では、現地に工場を作ってそこで生産もするようになった。さらに、新興国にも進出している。新興国のなかにも強い企業がでてきてグローバルなビジネスを始めている。

真央ちゃん　世界中が入り乱れているのね。

お父さん　そう、それがグローバル化だね。さて、最初のお母さんの質問に答えよう。

お母さん　ああ、日本はもう成熟しているから日本株に投資をしていてもダメなんじゃないかという質問ね。

お父さん　うん。いまの話でだいたいわかるだろう。日本の企業は日本だけで仕事をしているわけではない。わが家のパソコンは日本製だと思っているかもしれないけど、中身の部品は世界中からきている。洋服や食品だって外国からたくさん来ている。要するに、もう、日本だけで生きているという時代ではないんだ。毎日の生活のなかに外国が入りこんできている。同じように日本の製品や部品も外国の人の生活のなかに入り込んでいる。

お母さん　ああ、あのアメリカの携帯音楽プレイヤーの裏側のピカピカも日本製だそうね。

お父さん　そうなんだ。日本企業も外国で活躍している。外国企業も日本で活躍している。もう、答えがわかるだろう。仮に日本という国の成長力が落ちたって日本の会社はどんどん成長できる余地があるんだ。まあ、日本人として日本の会社がんばれ！　っていう気持ちはあるけどね。

お母さん　そうか、じゃあ、日本がダメでも日本企業にはいくらでもチャンスがあるのね。

お父さん　日本がダメというわけでもないよ。日本のなかにだっていくらでもこれから成長できる分野はある。そういう分野を積極的に探し出して良い商品をだしていく企業はいくらでも成長できる。そういう元気ある企業の活力に期待したいところだね。

お母さん　少し気持ちが明るくなったわ。

　私も同じように思った。

真央ちゃん　外国の企業が日本に進出してくることもあるわよね。

お父さん　そのとおり。これからどんどんでてくるだろう。さっきお母さんが言っていた携帯型の音楽プレーヤーだってその例だ。だから、これからは、**投資をするときにも海外を視野に入れないといけない**。長期的な投資の目的って覚えているかい？

真央ちゃん　えーと。

お母さん　それは最低限、購買力を維持することでしょう。少し前に勉強したわよね。

お父さん　そう。いまのおカネの価値を将来にわたって維持していくことが、最低限の目標だ。株式に投資するということは、投資した会社の資産を持つことだね。前回、インデックス運用の話をしたけどね、ＴＯＰＩＸに連動するインデックス投信を持つと、東証一部上場の企業全体の資産を保有していることになる。もし、物価が上がると値上がりしているものを作る生産設備の価値はどうなるだろう。

真央ちゃん　やっぱり価値が上がるんじゃないの。

お父さん　そう。わが家は生活でいろんなものを使っているよね。だからインデックス投信を持つと、いろいろな会社の生産設備を持つことになるから、購買力を維持しやすいんだ。

お母さん　あ、なるほどね。

お父さん　でも、さっきも言ったように、わが家の生活のなかにもたくさんの外国製品が入りこんできているんだ。だから、**本当に購買力を維持したければ、外国企業の生産設備も持たなければならない**。そこで海外株式への投資ということになる。

真央ちゃん　うん、それはわかるわ。でも私は海外の会社のことなんて何にも知らないわ。

お父さん　そこでだ、投資信託が登場するんだ。世界の株式に幅広く投資をする投資信託がたくさんある。

真央ちゃん　それはとっても便利ね。

お父さん　そう。お父さんはやっぱり海外株式のインデックス運用がお勧めだね。

真央ちゃん　そんなのあるの？　世界中の国の株を買うわけ？

お父さん　そうだよ。世界の株式市場全体に幅広く投資をするような投資信託を持てばいい。

真央ちゃん　じゃあ、さっきのＢＲＩＣｓなんかの株を買った方がいいってことね。

お父さん　ある程度ね。新興国は急成長しているけど、その成長は一本調子じゃない。時々、不況になったりする。日本もそうだった。そういうときはリターンが高い分だけ、リスクも大きい。下がるときは大幅に下がる。だから、やっぱり先進国の株式を中心に持って一部分を新興国に充てるという方法がいいんじゃないかな。

真央ちゃん　わかったわ。来月はお正月。よし、私、来年のお年玉で投信を買おう。1万円を日本株インデックス投信、1万円を世界の株式投信ってところでどうかしら。私のおカネが日本中、世界中を駆け回るなんて楽しそう!!

お父さん　そうだね、自分が本当に好きなサンシャイン・コーヒーの株と日本株と世界の株。いいポートフォリオじゃないか。やってごらん。

真央ちゃん　じゃあ、お父さん、お年玉はずんでね？

今日も、みんなで笑ってマネーレッスンが終わった。

真央ちゃんのひとり言

世界の経済がお互いに結び付きを強めている。若い国がどんどん成長をしている。また、すでに成長した国も世界経済の拡大の恩恵を受けている。私たちの生活にも海外の製品がどんどん入ってきている。これからの投資は日本だけでは不十分。世界の株式市場への投資も必要。そのためにはインデックス投信が便利。投信を使えばそれほど海外のことがわからなくても投資できるし、インデックス投信であれば、世界中の企業を全部まとめて買える。

私のおカネが世界中を駆けめぐるなんてすてき。

第5課　投資信託で成功するために

投資信託を買うことに決めた私は、インターネットなどでいろいろな投信のことを調べてみた。結局、サンシャイン・コーヒー株を買った証券会社が日本株はＴＯＰＩＸに連動するインデックス投信をとりあつかっていたのでそれを買った。それから、海外株式については、先進国株式を９割と新興国株式を１割程度、保有している外国株式のインデックス投信があったのでそれにした。投信を自分で選んで買ったことをお父さんに話したらとてもほめてくれた。そして、とてもうれしそうだった。こんなに喜んだお父さんを見るのも珍しい。

お父さん　お母さん、真央が投信を選んだよ。すごくよく調べて自分で選んだんだ。ほめてやってくれ。

お母さん　あら、真央ちゃん、えらかったわね。

と言いつつお母さんはちょっと片目をつぶってみせた。実はかなりお母さんの助けを借りていたんだ。

お父さん　さあ、今日のマネーレッスンは投信の上手な使い方について話そう。

真央ちゃん　使いかたに上手とか、下手ってあるの？

お父さん　もちろんあるさ。ある意味、買うのは簡単だ。でも、重要なのはどんな目的のために何を買うかということ。つまり、投信を賢く使う方法だ。単に値上がりしそうだからというので買うのは投資ではない。それは値段だけを追っかける投機だね。まだ、真央はそんなことないだろうけど、大きくなると、証券会社や銀行などから電話がかかってきたりして、「こんな面白そうな投信がありますよ」、とか、「これ、みなさん買っていて順調に上がってきています」などという話がくる。そんなときに、「へー、面白そうだなあ、ちょっと買ってみよう」という気持ちで買うのは正しい投信の使い方ではない。それは値段を追っかけているだけの投機。その点は、株式を買う場合と同じことだ。特に、「これ上がっています」っていうのと、「みなさん買っています」っていうのは殺し文句だね。

お母さん　そうね、何となく買いたくなっちゃうもんね。「え、みんな買ってるの、じゃあ、私も」ってね。

お父さん　大切なことは投信というのは自分が運用をするための部品だということをよく理解することなんだ。将来の生活のために若いうちから投資をして、自分の資産を増やしておきたいというような目的があって投資するんだけど、その目的を達成するためにはどんなポートフォリオを作るべきか、まず、設計図を書く。そして、その設計図にあわせて、必要な投信を組み合わせていくのが運用なんだ。一番言いたいのは**「自分が司令塔になる」**ということだね。

真央ちゃん　なるほどね。自分が司令塔か。

お父さん　そう、それが運用というものだ。この機会に運用と投資の違いをちょっと話しておこう。投資というのは『資』と『投げる』という文字でできている。つまり、資金を、自分の手から離して、人のために用立てて、収益を上げてもらい、その一部をリターンとしてもらうということだね。これはもう話したよね。では、運用という字はどんな漢字でできあがっているかな？

真央ちゃん　運用の運は『運ぶ』でしょう。用は『用いる』よね。

お父さん　そう、**運んで用いる**んだ。運ぶっていうことは出発点があって、途中があって、そして、目的地がある。そして、運んで行ったものを用いる、使う。まず、出発点は、現在持っているおカネの額だね。そして、将来、真央が退職するまで働きながら稼いだおカネの一部を積立ててゆく。そして、目的地、つまり、引退したときから、その貯めてきたものを使ってゆく。投資という行為を続けて自分の資産を目的に向かって運んでいって、それから使うのが資産運用なんだ。そして、投信は、資産運用の強力な味方だ。

お母さん　そうね、だから、真央ちゃんも資産運用の第一歩を踏み出したってことね。

真央ちゃん　でも、気が遠くなるぐらい先の話ね。私なんか高校に行くのだってずっと先の話だと思ってるのに・・・

お父さん　ハ、ハ、ハ。そりゃそうだね。子供のころなんか夏休みがすごく長かった。で

資産運用の長い旅

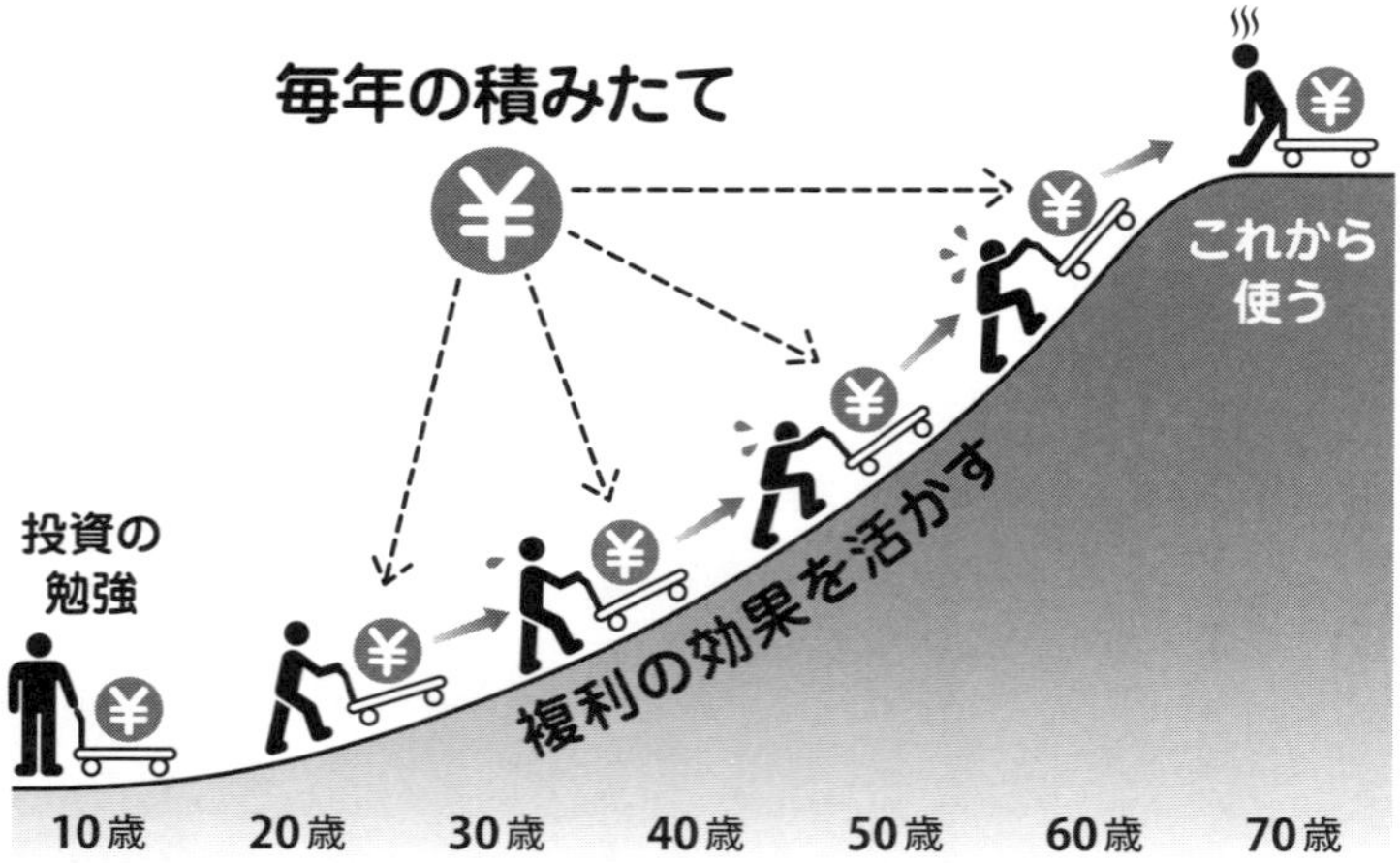

も、最近は1年がすぐに過ぎてしまう。そういえば、おじいちゃんなんか、『10年なんてすぐだよ』って言っていた。まあ、ともかく、おカネとは人生を通してずっと付き合うということだ。もちろん、おカネがすべてではない。でも、おカネのことはどうでもいいかといったらそんなことはない。

真央ちゃん　それはいままでのマネーレッスンでよくわかっているわ。

お父さん　いまの真央には、そんなにおカネがあるわけじゃないし、投資をするといっても、勉強が目的だと言っていいだろう。でも、もう少し大きくなったらやはり本格的な運用を考えるべきだろうね。ここで、いまの真央が実行するのは無理でも、知っておいた方が良い投資の仕方を教えておこう。それは**ドルコスト平均法**という買い方なんだ。

真央ちゃん　ドルコスト？　ドルでなにかするの？

お父さん　いや、ドルっていうのは、この名前がアメリカでつけられたからそう呼ばれているので、円でもいいんだ。この方法は、一定金額を毎月、定期的に買う。そして、時間をかけてポートフォリオを作っていく。それをドルコスト平均法という。

真央ちゃん　ふーん。まあ、一定金額を毎月というとおカネがかなり必要ね。年に一度のお年玉じゃ難しいかも。

お父さん　まあ、できなくはないけどね。やはり、毎月、ある程度の収入をもらえるようになったら、その収入の一部をドルコスト平均法で投資に回してゆけばよい。

真央ちゃん　じゃあ、大学生にでもなってバイトをしたおカネでもいいわけ？

お父さん　継続的にバイト料が入ってくるならいいだろうね。

真央ちゃん　じゃあ、よく聞いて覚えておくわ。

お父さん　この方法はさっきも言ったけど毎月決まった日に、同じ額を同じ銘柄に投資していくんだ。例えばね、毎月１２０００円を投資するとしよう。

真央ちゃん　わー、すごい。私の1年分だわ。そんなに投資しちゃうの？

お父さん　まあ、これは例だ。例えば今月末に、６００円の株式があるとする。さあ、何株買えるかな？

真央ちゃん　20株でしょ。

お父さん　そう。次の月末に株価は５００円に下がったとしよう。そうすると何株買える？

真央ちゃん　えーと、24株。

お父さん　これで先月買ったのと合わせて44株だね。次の月の終わりには４００円にまた下がってしまった。

真央ちゃん　ずいぶん、下がるわね。30株買えるわ。

お父さん　これで合計74株だね。さて、次の月末、さらに下がって３００円になってしまった。さあ、どうだ。

真央ちゃん　あら、あら。40株も買えるわ。

お父さん　これで合計、１１４株だね。次の月は急に株価が上がって４００円になった。そうすると？

真央ちゃん　残念、30株しか買えない。合計で１４４株ね。

お父さん　さあ、次の月は５００円に戻った。買えるのは24株。合計が１６８株だね。それから、また、次の月には６００円になった。そこで20株買うと１８８株だ。７カ月間、毎月１２０００円投資をしたから、使ったおカネの合計は、８４０００円だ。それで１８８株の株式が手元にきた。その価値はどうかな？

真央ちゃん　電卓を貸して。えーと１８８掛ける、いま、６００円だから、11万２８００円！　わあ、すごいじゃない。こんなに儲かった。

ドルコスト平均法の効果

毎月 12,000 円を買うとすると

月	株価（円）	買える株数（株）	全部で何株になったか（株）	投資額の合計（円）	いまの株価でいくらの価値があるか（円）
1	600	20	20	12,000	12,000
2	500	24	44	24,000	26,400
3	400	30	74	36,000	29,600
4	300	40	114	48,000	34,200
5	400	30	144	60,000	57,600
6	500	24	168	72,000	84,000
7	600	20	188	84,000	112,800

お父さん　この期間の株価の平均は471円だ。もし、8400円を使って平均株価で一度に買っていたとすると、178・19株しか買えていない。だから、時価は10万6915円にしかなっていない。でも、ドルコスト平均法だと、一定の金額を投資し続け、安くなったときに大きな株数を買って、高いときには少ない株数を買う。だから、こういう結果になるんだ。もちろん、また株価が下がったら、同じ金額でたくさんの株数を買えばいい。

真央ちゃん　下がるとたくさん買えるって思うと下がっても心配しないでいいわね。

お母さん　そりゃあそうよ。どんなものだって安く買えるってうれしいじゃない。お肉だって、お魚だって。

真央ちゃん　本当にそうね。

お父さん　でも、株式とか投信は面白いもので、値段が上がるほど、みんなが喜んで買いたがる、下がるほど、みんながっかりして買わない。投資で成功する大切な方法は多くの人と違うことをすることにある。ドルコスト平均法をしていると人と逆のことが自動的にできる。それがいいんだ。

真央ちゃん　なるほどね。いつか、私も毎月、収入が入るようになったら考えてみるわ。

お父さん　そのためにもしっかり収入が入るようにいまを大切に生活しなければね。

お母さん　要するにしっかり勉強をしなさいっていうことよ。

真央ちゃん　そうくると思ったわ。

お父さん　まあ、真央もいずれ資産運用を本格的にしていくわけだけど、投信はとっても便利な道具で、その道具をドルコスト平均法などで時間をかけて投資していくと長期的な目的を達成しやすいということだ。今日のマネーレッスンは真央の将来の投資のためだったね。

真央ちゃんのひとり言

投資信託の正しい使い方は自分が司令塔になること。自分の将来の目標を達成するための設計図を描き、それに合わせて必要とする投資信託を買う。資産運用をする上で投信はものすごく強力な道具。でも、設計図なしで「みなさん、買っています」とか、「上がっています」という言葉につられて買うことがないように注意！　分散投資と長期投資に加えて、毎月、一定の日に同じ金額で投信を買っていくドルコスト平均法は威力がある。私も将来、使いたいと思う。

第8章 投資って人生を考えること

第1課 人生の3つの時代

今日はおじいちゃんとおばあちゃんの家に家族で遊びにきた。2人とも、70歳ぐらいだけどとても元気。毎日が楽しくてしょうがない感じだ。おじいちゃん、おばあちゃんの家に着いてちょっと休んでいると、おじいちゃんが外出から帰ってきた。背中に大きなギターをしょっている。

真央ちゃん　おじいちゃん、こんにちは。

おじいちゃん　おお、真央ちゃん。もう来ていたのか。

真央ちゃん　おじいちゃん、それギター？

おじいちゃん　そうだよ。実は、おじいちゃんの所属しているギター合奏団が、近所の区民会館で行われたお年寄りの誕生会でボランティア演奏をしていたんだ。みんな、ものすごく喜んで大きな声で歌を歌ってくれた。あんなに喜んでくれるなんて、ほんと、感激だよ。

真央ちゃん　え？　おじいちゃんがお年寄りに？

　私にとっておじいちゃんはすごく高齢なんだけど、お年寄りがお年寄りを楽しませるなんてちょっと変な感じがする。

おじいちゃん　そうさ、みんな80歳ぐらいで、すごく元気。確かに体が弱っている人や、物忘れがひどくなっている人だっているけど、それはそれとして、元気な部分をどんどん使って楽しんでいる。ああいうお年寄りに会うとこっちも元気になるよ。

真央ちゃん　おじいちゃんが『お年寄り』っていうとなんか変ね？

おじいちゃん　おや？　真央ちゃんはおじいちゃんが年寄りだと思ってるのかい？　そうだねえ、確かに長い間、人生を楽しんできたからね。でも、いつでも、自分のできることを最大限やって楽しく、しあわせに人生を過ごしたいと思ってるだけだよ。何歳から上は年寄りなんてまったく意味ないね。

真央ちゃん　ふーん。そんなものなのね。

おじいちゃん　そうさ。たしかアメリカのことわざだったと思うけど、『年寄りとは、自分より15歳年上の人のこと』っていうのがあったと思うよ。

真央ちゃん　変なの。それじゃあ、いつまでたっても自分が年寄りにならないじゃないの。

おじいちゃん　そうさ、それだって別にいいじゃないか。

おじいちゃんのパワーにはいつも圧倒される。そこにお父さんとお母さんがきた。

お父さん　最近、真央とね、毎週、『親子で学ぶマネーレッスン』っていうのをやってるんです。おカネのことや投資のことをずっと勉強してきてるんですよ。

おじいちゃん　おお、それはいいねえ。おカネや投資のことは人生をしあわせに生きていくためには絶対に必要だ。それにおカネがあればいろんなことができる。おカネのことを若いうちに勉強しておくと将来、大きな違いがでてくる。

お父さん　そうだ、今日はおじいちゃんとおばあちゃんにも入ってもらってマネーレッスンをしようか。

真央ちゃん　うん、それはおもしろそう。おじいちゃん、おばあちゃん、いいでしょ。

おじいちゃん＋おばあちゃん　いいねえ、ぜひ、やろう。

お父さん　今日はおじいちゃん、おばあちゃんも参加してくれるんだから投資と人生というような大きなテーマの話をしようよ。まず、おじいちゃん、何か、口火をきってくださいよ。

おじいちゃん　そうだな、うん。**これからは人生100年を前提に考えないといけない**。日本人の平均寿命はどんどん長くなっている。真央ちゃんが還暦を迎えるころにはもっと長寿になっているだろうね。

お父さん　日本人の平均寿命は男性が79歳、女性が86歳といわれる。でも、平均寿命には不幸にして若くして亡くなってしまった人も含まれている。これに対して平均余命というのがある。例えば65歳の人が平均してあと、何年、生きるかというと、男性が18年間、女性が23年間もあるんだ。つまり、男女ともに80歳中頃とか、後半まで生きるということだね。しかも、これは『平均』だよね。半分の人はそれ以上、生きる。

おばあちゃん　まだ、まだ、楽しめるわね。当然、おカネもかかるけどね。まあ、おカネと付き合う期間が長くなっているってことね。

おじいちゃん　おカネとからだの両方が健康じゃないといけないからね。人間ドックで体をチェックしている人は多いけど、あんまりおカネの健康をチェックしている人はいないからね。わが家は、定期的に財産の状況をチェックしているから大丈夫だけどね。

おばあちゃん　そうね。いつも結果を見せてくれてるからね。

おじいちゃん　ともかく、１００年の人生は３つの時代に分かれると思うんだ。

真央ちゃん　３つの時代？

おじいちゃん　そう、最初の30～35年は『**学びの時代**』、その後、60～65歳までは『**働きの時代**』、その後は『**遊びの時代**』だ。真央ちゃんがいま、学びの時代、お父さん、お母さんは働きの時代、おじいちゃん、おばあちゃんは遊びの時代だ。

真央ちゃん　遊びの時代なんて、おじいちゃんやおばあちゃんがうらやましい。

おじいちゃん　は、は。まあ、順番に説明しよう。学びの時代というのは、自分が本当に好

100歳人生の3つの時代

きで、興味のある分野を見つけて、将来、世の中のために仕事をする基礎作りの時代だね。もちろん、学校は20代に卒業する人が多いけど、社会にでても最初の10年ぐらいは勉強だからね。これが学びの時代だ。

真央ちゃん　そうか、私はいま、将来、自分が本当にやりたいことをさがして、それを学ぶ時代なのね。

おじいちゃん　そのとおり。そして、働きの時代には自分が学びの時代に築き上げた知識を使っておカネを稼ぎ、家族を養い、将来に対する貯えを作る時代なんだ。それがいまのお父さんとお母さんのしていることだ。

お父さん　うん、確かにそうだ。いまの生活のためにおカネを使う、将来のためにおカネを蓄える。そのためには世の中のためになることをどんどんやっておカネという感謝のしるしをしっかりと貯めないとね。

おじいちゃん　そして、最後の遊びの時代に行こう。これは60代の中頃から人生を終えるまでだ。『遊び』っていうと何か、ブラブラと意味のないことをしているような印象もあるけど、本当はそうじゃない。自分が大好きなことを楽しみながらやっていると、それが自然に世の中のためになるというのが本当の遊びなんだ。いまの生活のためや、自分だけのためではなく、みんなが喜ぶこと、みんなに役立つことを自分も楽しみながらする。そんな時代だ。

真央ちゃん　あ、それがおじいちゃんのギターなのね。

おじいちゃん　うん。他にもいろいろとあるんだよ。昔やっていた仕事の知識を使ってある会社の顧問もやってるし、時々、講演会などで話もしている。結構、忙しいんだ。

お母さん　そう、おじいちゃんの生き方はあこがれるわね。

真央ちゃん　おじいちゃんの生き方ってかっこいいね。

おじいちゃん　ありがとう。遊びの時代に大切なことは、『あんな生き方っていいな』とか、『あのおじいちゃんやおばあちゃん、かっこいいな』と若い人に思われる存在になることなんだ。だから真央が『かっこいいね』って言ってくれたのはとてもうれしい。若い人にいろんな生き方のモデルを見せてあげることが遊びの時代の目的でもある。そうすれば、若い人に生き方の目標ができるからね。

お父さん　お父さんにとってもおじいちゃんやおばあちゃんは憧れる存在なんだ。

おじいちゃんもおばあちゃんもごきげんでニコニコ笑っている。

おばあちゃん　さあ、今日は焼き肉よ。ゆっくり食事をしていきなさいね。

うれしい。ちゃんと私の好物をよく知っているんだ。

おばあちゃん　この前の焼き肉のときは、真央ちゃんとおじいちゃんが肉の取り合いになったでしょう。今日はたっぷり買ってあるから安心して食べてね。

お父さんとおじいちゃんはビールを飲み始めた。

真央ちゃんのひとり言

人生は「学び」、「働き」、「遊び」の３つの時代に分かれる。学びの時代にいる私は、自分が本当に好きで、興味のある分野を見つけて将来、世の中のためになる、みんなに喜ばれる仕事をするための基礎作りの時代だっておじいちゃんが言っていた。正直言って、人生のこととか、その人生でいま自分がどんな立場にあるかなんて考えたことなかった。何か目が開かれた気がする。

第2課　人生と投資

この間のおじいちゃんの話はとても新鮮だった。私はいままで、何となく朝起きて、学校に行って、帰ってきて、勉強して、ご飯食べて、テレビ見て、宿題して1日を過ごしていたけど、長い、長い人生のなかでいま、自分がどんなところにいて、何をする時代なのかということがちょっとわかった気がする。とにかく毎日を大切に過ごさないといけない。それを感じた。

真央ちゃん　この間のおじいちゃんの話はとっても参考になったわ。完全にはわからないけど、毎日を大切に生きなければいけないんだなっていうことは感じたわ。

お父さん　うん。お父さんもミドルエイジというものの意味を考えたよ。でも、長い人生にずっとくっついてまわるのがおカネの問題なんだ。長い人生を通しておカネと付き合うには、ただ、長期投資をしているという段階から一歩、ステップアップすることが必要だ。

お母さん　それが資産運用でしょ。

お父さん　そう、そう。さてと、その資産運用には2つの段階があるのを知っているかい？

お母さん　うーん、ちょっとわからない。

お父さん　うん、それはね、**資産形成**と**資産活用**なんだ。資産形成というのは、おじいちゃんのいう働きの時代にいる人が、毎月もらう月給や、ボーナスの一部を投資に回して、将来のために備えるのをいう。それから、資産活用というのは、遊びの時代の人が、すでに貯めてきた資産をちゃんと運用しながら、それを使っていくことをいう。

お母さん　なるほど。そう言われてみればわかりやすいわね。

真央ちゃん　じゃあ、学びの時代の私はどうなるの？

お父さん　学びの時代にはおカネや投資のことを学べばいいんだよ。おカネの正しい意味を知って、株式や投資信託について学び、そして少しずつでも体験してみる。それをするか、しないかで人生に大きな違いがでてくるんだ。

真央ちゃん　じゃあ、私はそれをいま、やっているというわけね。

お父さん　そのとおりだよ。

真央ちゃん　お父さん、ちょっといい？　難しいことはわからないけど、若い時と中年と歳とってからって投資の仕方は変わるの？

お父さん　いい質問だね。人それぞれの環境によっても違う。年代によっても違う。持っている財産の額や、収入の額と安定性、その人の性格なんかも影響するんだ。だから、すべての人に『これが一番いい』という正解はない。そこが学校の試験と違うところだね。

真央ちゃん　じゃあ、結構、それをするのは難しいんじゃない。正解がないんだったら試験の答え方がわからないわ。

お父さん　でも、良く考えてごらん。世の中、正解なんてないことの方がずっと多いじゃないか。例えば、今日１日の過ごし方に正解ってあるかい？　今晩のご飯を何にするかって正解があるかい？　みんな、自分で何をするかを決めて生きているんだ。

真央ちゃん　そう言われればそうね。自分で考えていいと思うことが正解なのかしら。

お父さん　そうだ。そのとおりだね。投資に話を戻すと、一般的に言って、歳をとるほど全体に占める株式の比率を下げた方がよい。株式はリスクが高いからね。やはり、人生の残りが短くなると時間という強い味方を十分に活かせないからね。

真央ちゃん　どうして？

お父さん　それはもう勉強したはずだよ。歳をとるほど、残りの投資期間が短くなるのは当たり前のことだね。リスクが大きいと上にも下にもリターンが大きく変動する。投資期間が長ければ、良い年、悪い年がお互いに相殺しあって平均的なリターンに落ち着くけど、投資期間が短い場合、ある年に大きく下がるとダメージが大きい。値下がり分をとりもどす時間が限られているからね。だから、一般的には株式の比率を下げて、債券などリスクの低い証券の比率を高めた方がいいんだ。

真央ちゃん　じゃあ、私の場合は？

お父さん　１００％株式でもいいよ。先はかすんで見えないぐらい遠いからね。

真央ちゃん　じゃあ、お父さんやお母さんは？

お父さん　そうだね、まあ、株式と債券、半分ずつぐらいかな。株式は日本の株式と海外の株式を半々に持つのがいいと思う。

真央ちゃん　じゃあ、おじいちゃんやおばあちゃんは？

お父さん　まだ、2人ともとても元気だから、お父さんやお母さんと同じぐらいでいいと思う。ただ、これから5年ぐらい経ったら株式の比率をだんだん下げた方がいいと思うよ。

真央ちゃん　私が高校生のころかな。それまでに投資についてもっと勉強しておじいちゃんやおばあちゃんにアドバイスしなきゃ。

お父さん　真央ならできるよ。でも、わかるだろう。こうやって、長い人生を歩みながらおカネや投資をきちんと管理していく。これが資産運用なんだ。つまり、「運んで」、「用いる」ということだ。

真央ちゃん　本当に運んで用いるって感じね。

真央ちゃんのひとり言

長い人生にずっとついて回るのがおカネの問題だ。長期間にわたって財産を計画的に管理していくのを資産運用と言うんだそうだ。そして、いまの資産運用は、働いている人のための資産形成と、退職後の人のための資産活用に分かれるという。そして、いまの私は将来の資産形成のためにおカネや投資のことを学び、少しずつ経験することが大切だとお父さんが言っていた。

第3課　学びの時代の投資とは

お父さん　今日は真央にとっての投資について話そう。

お母さん　そうね、おカネとか、投資は人生にとってとても大切なんだけど、あんまり学校では教えていないからね。わが家のマネーレッスンは貴重よ。

真央ちゃん　でも、私はそんなにおカネもないし、投資はすごく興味があるけどあんまりできないわ。私だってサンシャイン・コーヒーの株と、日本株と世界の株式の投信を買ったらもうあんまりおカネがなくなってしまった・・・。どうしても何か欲しいものがでてきたと

きのために1万円ぐらいは手元においておきたいし・・・

お父さん　でも、それで毎日、テレビのニュースや新聞を見るようになったろう？

真央ちゃん　それはそうよ。私の大切なおカネが働きにでているんだもの。サンシャイン・コーヒーのニュースや、日本や世界の経済や社会の動きも気になるわ。

お父さん　それに投信の資料も来たろう？　ちょっと中身は難しいかもしれないけどね。

真央ちゃん　送ってきたけど、何か小さい字でいっぱいいろんなことが書いてあった。

お父さん　そのうち、サンシャイン・コーヒーからも株主総会のお知らせや会社の状況を知らせる資料なんかが送られてくるよ。まあ、株主総会は平日が多いから出席は難しいけどね。学校休んで株主総会にでるのはよくないよ。

真央ちゃん　そりゃあ、わかってるわ。

お父さん　そうやっていろんなことに興味を持つとそれが真央の知識になっていく。それは将来、必ず役に立つ。このことが投資だともいえるんだよ。

真央ちゃん　どうして？

お父さん　真央にとって投資のリターンは配当金や株価の値上がりだけではないはずだ。投資を通して新しいことを学ぶと真央の将来に役に立つ。これも投資だと思わないかい？

真央ちゃん　あ、そうか。将来の自分をいまの自分が支えていることになるのね。

お父さん　そのとおりだよ。真央にとっては毎日の生活そのものが投資なんだ。

勉強も投資

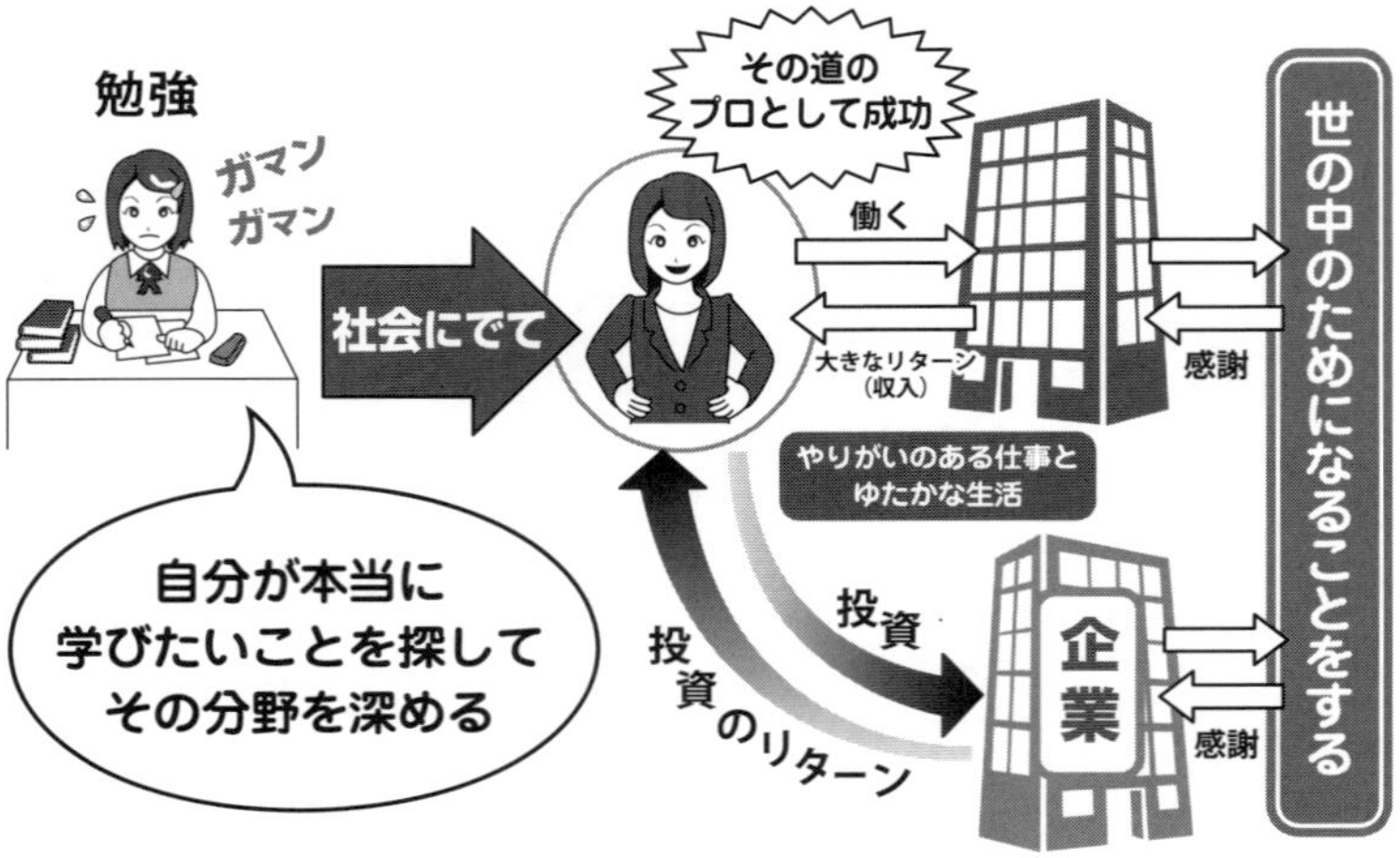

真央ちゃん　じゃあ、広い意味でいえば学校に行って勉強するのも投資？

お父さん　いいところに気づいたね。まさにそのとおり。**勉強だって将来のための投資だよ。**

真央ちゃん　そう言われてみればそうね。投資と同じね。でも、友達なんかと話していると、勉強は親や先生に言われているからしていると思ってる子も多いわ。

お母さん　でも、それってさびしくない？毎日の大切な時間を人に言われることのために使うって。

真央ちゃん　それはそうよ。でも、『勉強しろ、勉強しろ』って親や先生にいつも言われているとそんな気になるのかもしれないわ。

お母さん　それはそうかもしれないわね。『勉強って将来のあなたのためにしているのよ』っていうことをもっとしっかり伝えないとね。反省しよう。

真央ちゃん　あら、私は大丈夫よ。マネーレッスンで投資の勉強をしてるからね。

　私のひと言にみんな笑った。

真央ちゃん　ひとつ聞いていい？　ほら、学校ではいろんな教科を勉強するでしょう。なかにはこんなこと勉強して何の役にたつのかなって思うこともあるわ。どうしてあんなにいろんなことを勉強しなければならないのかしら。

お父さん　じゃあ、聞くけど、真央は将来、何をしたいかもう決まっているのかい？　自分の一番、したいことってわかってるのかい？

真央ちゃん　・・・・・

お父さん　まだ、わからないだろう？　それだったら、いろんなこと勉強するよりしょうがないじゃないか。学校でいろいろな教科を勉強するのは、試験を難しくするためにやってるんじゃないんだよ。子供たちにいろいろなことを学ばせて、将来、本当にしたいことを見つけられるようにしているんだ。いいかい、**真央たちのなかにはすばらしい宝石がたくさん眠っている**んだ。

真央ちゃん　え？　私のなかに？　宝石？

お父さん　そう、まだ、磨かれていない宝石の原石がね。

真央ちゃん　ほんと？

お父さん　そうさ、それを多くの子供が気付いていない。勉強っていうのはサーチライトで真央たちのなかを照らして宝石の原石を探しているようなものなんだ。

お母さん　本当にそうね。いい例えだわ。

お父さん　いろいろなことを勉強するというのは、いろいろなところに光を当てているということだ。そのなかでピカっと光るものが見つかる。それが専門的にやりたいことだ。

真央ちゃん　そうか。確かにそう考えればなぜ、いろいろな教科があるのかもわかるわ。

お父さん　その分野が見つかったら、それをどんどん深めていく勉強をすればいい。そして、その分野の仕事をすればいいんだ。これが『**腕に職をつける**』っていうことさ。

お母さん　いままでは、大学までいっても学生の間はあんまり勉強しないで、会社に入ってから会社がトレーニングをしてくれたわね。それは終身雇用といって、多くの人が生涯、ひとつの会社に勤めたからよ。でも、社会が変わっていまは、『どの会社に勤めています』ということよりも、『どの仕事が得意です』ということの方が大切になってきてるのよ。

お父さん　ひとつの仕事の本当のプロになれば強いよ。おカネだって自然についてくる。

お母さん　本当のプロになるということは、自分の希望するだけ働き続けることができるということなのよ。もちろん、いつもプロとしての腕を磨いていないといけないけどね。

真央ちゃん　生涯、勉強ってことね。

お父さん　生涯、勉強、生涯、投資だよ。いつも将来のために良いことを続けていくことがいい人生を送る上で大切なんだ。

真央ちゃん　なんか希望がわいてきたわ。私も宝石の原石を見つけて磨かなくっちゃ。

お母さん　もしかしたら、金融の世界？

真央ちゃん　かもね。

お父さん　もちろん、学校の勉強以外にも将来のためになる投資はいくらでもある。

真央ちゃん　例えば、このマネーレッスン。

お父さん　そう。さらに良い本を読んだり、映画を見たり、音楽を聞いたり、そういうのはみんな、自分の将来にためになる投資なんだ。

真央ちゃん　じゃあ、好きなことをやっていてもいいんだ。

お父さん　そう。好きなことやらなきゃつまらないじゃないか。どんどん、好きなことをして、そして感動する。感激する。その感動や感激が自分のなかの資産として貯まっていくんだ。真央は毎日、寝る前にお祈りをしているだろう。それはとってもいいことだ。その時、今日、自分のなかでどんな資産が増えたかを考えてごらん。**昨日より今日、今日より明日、少しずつでも進化していけたらすばらしい**。それは、お父さんやお母さんにも当てはまることだけどね。

真央ちゃん　株式会社の仕組みみたいね。毎年の利益の一部を株主資本として貯めていくんでしょう？

お父さん　ア、ハ、ハ。そのとおりだね。自分という会社の株主価値を高めているんだ。株主は自分だけだけどね。そうすれば、結局、高いリターンを将来、得ることができるんだ。

お母さん　その例えはとっても面白いわね。何かみんな、勉強は面白くないもの、強制されるから仕方なくやっているものって思ってるかもしれないけど、それは自分のためのものだし、自分が本当に面白いものを探しているんだって考えると興味もわいてくるかもね。

お父さん　おじいちゃんが言っていた学びの時代の投資というのは、一口に言えば自分の価値を高めることなんだ。そのために毎日、生きている。決して、朝起きたから生きているわけじゃない。少しずつでも進化するために生きているんだ。生活すべてが勉強なんだよ。

お母さん　本当にそうね。

お父さん　特にこれからは『**自立**』ということが大切だ。自ら立つ。つまり、人に頼らずに生きていける力を持たなければならないんだ。前にも話したが、日本の社会や経済の仕組みがこの20年ぐらいですっかり変わった。いままでは、国や企業が個人を支えてくれていた。だから、みんな、結構、安心して暮らしていた。しかし、これからは国や企業に頼ってはいられない。経済は成熟したし、人口も減りだしたし、社会保障の制度もいろいろ問題が起こっている。自分で生き延びる力、サバイバル力が必要なんだ。

真央ちゃん　サバイバル力？

お父さん　そう、生きのびる力とかエネルギーだね。いままで、みんな動物園の動物のようなものだった。ちょっと窮屈だけど、それさえ我慢していれば時間がくれば餌がもらえる。暑い日には氷がもらえたり、寒い日には暖房がついたり。ちゃんとオリがあるから他の動物に襲われることはない。

真央ちゃん　窮屈だけど、安全だったのね。

お父さん　でも、いまはみんな、ジャングルに放たれた。だから自分で餌を取り、自分の身を守らなければならない。そうしないと他の動物の餌になってしまう。これが自立なんだ。

真央ちゃん　きびしいわね。

お父さん　確かにある意味、きびしい。でも、それが現実なんだ。しっかりと自分で自分の身を守り、生き抜いていくだけの力を学びの時代に身につけておかないとね。

　ちょっときびしい話だったけど、そうかもしれないなと思った、『将来の自分を支えるのはいまの自分』とお父さんはいつも言うけどその意味がわかったような気がした。

真央ちゃんのひとり言

勉強も投資なんだ！　これは発見。お父さんが私たちのなかには宝石の原石が眠っていると言っていた。そこにサーチライトをあてて原石を探しだすのが勉強なんだって。そして、本当に自分が好きで、一生懸命になれることを見つけ出す。社会にでてその仕事の本当のプロになる。これからはジャングルの動物のように自分の餌は自分で探さなければならない時代。サバイバル力が必要だと言われた。

第4課　超マネー投資

最近のマネーレッスンでわかってきたことは、投資というものはとても幅の広いことだということだ。おカネを投資して、利子や配当金や値上り益を狙うというのは、もちろん、投資だけど、その他のものでも、いま、少し我慢して、将来、大きな喜びを得るものはみんな投資と考えることもできるということがわかった。前回は勉強も投資のひとつであるっていう話をしたけど、これは私にとってはちょっとした発見だった。だって、サンシャイン・コーヒーや投資信託を持っていることと、勉強が同じ投資だなんて考えてもみなかったからだ。でも、言われてみるとそのとおり。確かに投資だ。

真央ちゃん　この前のマネーレッスンで勉強も投資だっていうことが良くわかったわ。

お父さん　そうかい。それがわかったというのはとても価値がある。投資というと普通はおカネを他の人のために用立てて、その見返りに将来、おカネというリターンをもらうということだよね。今日は投資の意味をもっと広げて考えてみよう。まず、投資の「他人のためにおカネを用立てる」というところだ。『他人のために』は『自分のために』でもいい。それから、『社会のために』でもいい。それから、『おカネを』という部分。これはおカネでなくてもいいんだね。自分の大切なものを手放す。大切なものには、自分の労働ということでもいい。また、遊びたいという気持ちでもいい。自分が持っている大事なものでもいい。要するに自分が大切だと思うものを人のために使ってあげたり、使わせてあげればいいんだ。

お母さん　自分が持っている大切なものって言ったらやっぱり『時間』ね。

お父さん　そうだね。時間は大事だ。人間は何年生きるかはわからないけど、人生という時間を与えられている。そして、その時間をどのように使うかということが大事なんだと思うね。結局、自分の大切なものを手放す。そして、ある時間、その手放した状態を我慢する。それが投資かもしれないね。こんどは、リターンについて考えてみよう。普通は、リターンはおカネの形で帰ってくる。

真央ちゃん　帰ってくるからリターンなんでしょ。

お父さん　そう、そう。でも、リターンがおカネでなければならない理由はない。うんと身近な例を言おう。例えば真央が本当は遊びたいのを我慢して、算数をしっかりと勉強した。その結果、テストでとてもいい点がとれた。これはうれしいだろう?

真央ちゃん　それはそうよ。努力が報われた感じだわ。

お父さん　勉強という投資をして、テストの良い点というリターンを得た。

真央ちゃん　あ、なるほど。

お母さん　じゃ、私が忙しくて、今日はスーパーで買ってきたお惣菜で晩御飯をすましてしまおうと思っても、ちょっとがんばってうちでお料理を作る。そして、みんなが喜ぶ。みんなの笑顔というリターンを受け取っている。

お父さん　そう、そう。

お母さん　じゃあ、お父さんが、本当はビールをもう1本飲みたいのを我慢する。そして、健康というリターンを得る。それも投資?

お父さん　おや、風向きが急に変な方にきたね。まあ、そうともいえるかな。でも、お父さんの場合は、ビールを飲んでリラックスすると明日の仕事をがんばれる。ビールを飲むという投資で、明日、がんばるというリターンを得ている。

お母さん　かなり無理があるわね。

マネー投資と超マネー投資

みんな大笑いになった。

お父さん　話をもとに戻そう。このように、投資するものも受けとるものもおカネである必要はない。そういうのを、お父さんは『**超マネー投資**』と呼んでいる。

真央ちゃん　おカネを超えた投資ね。

お父さん　そのとおり。真央の世代で大切なのは将来に向けて良いリターンを得られるように、時間を投資していくということだ。真央のように若い人はたっぷりと時間というものを持っているからね。

真央ちゃん　どんな将来のリターンを狙ったらいいのかしら。

お父さん　それは真央が自分で決めることさ。結局、超マネー投資で大切なのは、自分が一番喜ぶのは何かということだもんね。

お母さん　子供は授業で学ぶこと以外にもた

くさん学ぶことはあるわね。

お父さん　とにかく何か自分が好きで得意なものを見つけるといい。勉強だったら算数が得意だとか、学校でコーラスをしているとかね。サッカーが好きとかさ。それからお父さんが大切だと思うのは、友達じゃないかな。一生、仲良くできるような友達をたくさん作る。これは大きな財産になるね。

お母さん　それは本当にそうよね。私はいまでも学生時代の友達とランチなんか一緒にするけど、とっても楽しいし、それに勉強にもなるの。みんな、いろいろな生き方をしているし、いろんな体験をしているもの。

　私は頭のなかで大人になった自分がクラスの仲間と集まっているところを想像してみた。ちょっとおかしくなってクスっと笑ってしまった。

お父さん　まあ、真央の場合、毎日の時間を大切に使い道を考えて、将来のために投資をしていくということだね。真央がいずれ就職するときに履歴書を書くことになる。どんな学校に行って、どんな勉強をして、どんな資格を持っていて、趣味がなんで、というようなね。これまでの日本では、この履歴書がとっても形式的だったんだ。もちろん、学校の名前はみんな違うけど、ほとんどの人が似たような内容だった。

お母さん　そうかもしれないわね。だって、みんなエスカレーターに乗っかった人生だったから。みんな、偏差値によってどの学校に行けるかが決まってしまい、どの学校をでたかで就職先も絞られ、入った会社で一生を過ごす。定年になってもその会社のOB会の集まりなんかにでたりしてね。みんなが似たような人生を送っていたわね。

お父さん　これからはそうはいかない。先週話したようにみんな、サバイバル力が大切なんだね。そのためには、『自分はこんなところに特徴がある』ということがいえないといけない。そのように人と違う特徴、得意なこと、好きなこと、そういうことをたくさん履歴書に書けるような生活を送ることを考えればいいんだ。

真央ちゃん　**私というものの商品カタログ**みたいなものね。

お母さん　真央ちゃん、うまいことというわね。そのとおりよ。だいたい、家電製品なんか買うときだって、商品カタログを集めて決めるもんね。就職するときだって、会社はみんなの商品カタログを集めて比較するわけよ。いままでは、どの商品カタログを見てもみんな似ていた。じゃあ、メーカーと値段で決めちゃおうというみたいな感じだったのね。でも、これからは、もっと特徴のある人材を求める会社が増えてくる。真央ちゃんが就職するころにはもっとそうなってると思うわ。

　そうか・・・。私の商品カタログ、あんまり考えたことなかったなあ。でも、魅力的な商品カタログを作るためには魅力的な自分にならなければならない。そのために、時間を大切にして、毎日、自分の価値を高められるような生活をしていかなければならない。それが私にとって最大の投資なんだということがわかった。

真央ちゃんのひとり言

おカネでなくても、人の喜ぶことをしてあげるのは投資、そして、人に喜んでもらって、自分もうれしくなるというリターンを得る。お父さんはそれを「超マネー投資」と言っていた。毎日の時間を大切に投資して、私の価値を高める。履歴書という私の商品カタログに良いことがたくさん書けるような生き方をしたいなと思った。これも大切な投資！

第5課　しあわせ持ちになろう

お父さん　前回は超マネー投資という話をしたね。つまり、おカネを超えた投資ということだ。

お母さん　私、貧しい国の子供のフォスター・ペアレントになっているの。わずかなおカネだけど、それが学校に行くことも困難な子供の役に立ってると思うとうれしいわ。それに毎年、手紙がくるのよ。写真が入っていることもあるの。そんなとき、本当に自分のおカネの一部が人のために役立っていてうれしいと思うわ。

お父さん　そうだね。前に手紙や写真を見せてくれたね。目がキラキラ輝いている子供の顔を見るのはうれしい。お母さんはおカネを寄付という形で投資した。さて、お母さんはどんなリターンを得ているかな？

真央ちゃん　おカネのリターンじゃないわね。やっぱり、自分のおカネが人の役に立ってうれしいというリターンかしら。

お父さん　そう。喜びというリターンを得ているんだよね。これこそ超マネー投資だ。

お母さん　そして、このリターンは永久に続いていくのね。その子が大きくなって立派な国際人になって・・・。自分が子供のころ、日本のおばさんが自分の生活を支えてくれた。それで自分はここまで成長できた。もしかしたら、その子は外交官にでもなって、日本とその国が仲良くできるように努力してくれるかもしれない。考えるとワクワクしてくるわね。

お父さん　本当だね。以前、おじいちゃんが東南アジアの貧しい国に学校を建てるための寄付をした。おじいちゃんは若いころお父さんを失って、教育を受けるのもずいぶん苦労した。だから、教育で何か役に立ちたいと思ったんだろうね。寄付もそういう自分の想いを込めてしたいものだね。

真央ちゃん　私も時々、学校で寄付なんかするわ。そんなときはやっぱり『いいことをしたな』といううれしい気持ちを味わえる。

お父さん　例えば、ここに1万円があるとしよう。これで、おいしい焼肉を食べるか、それとも寄付をするか。さあ、どうかな？

真央ちゃん　さあ、それは難しいわね。私、焼肉も好きだし。でも、寄付もいいなあ。

お父さん　お母さんはどう思う？

お母さん　そうねえ、たまには焼肉、たまには寄付かな。

お父さん　そう。別に焼肉を食べてはいけないことはない。でも、好きだからといって毎週、焼肉を食べるというのはちょっとね。やはり、食べ物から寄付に喜びを広げたいね。それが『**知足**』ということなんだ。

真央ちゃん　ちこく？

お父さん　ちこくじゃないよ。ちそくだ。足《た》るを知る。つまり、自分はこれで満足だということが自分でわかること。欲望におぼれることなく、これで十分ということを自分で知ること。簡単に言えば『欲張っちゃダメ』ということだね。

真央ちゃん　満足するということ？

お父さん　過剰な欲は持たないで、足るを知る、これを『少欲知足』っていうんだ。みんな、『もっと、もっと』って欲にキリがない。だから、おカネが原因で悪いことをする人もでてきたりする。欲がすべて悪いわけではない。でも、自分だけが喜ぶ欲望は、ちゃんと自分で抑えないといけないね。自分をコントロールするというのかな。

お母さん　だいたい、おカネで問題を起こす人は自分の欲をコントロールできないで、欲に負けて、悪いことをしてでも、おカネを得ようとしてしまうのよね。

真央ちゃん　おカネは感謝のしるし。人から感謝されて得たおカネは自分のもとに留まってくれるけど、奪ったおカネはすぐに逃げて行ってしまうでしょ。

お父さん　そうそう。すっかり覚えたね。

お母さん　焼肉もうれしいけど、毎週、焼肉を食べるよりは、そのおカネを人のために使った方がいい。人が喜ぶことをして一番喜ぶのは自分なんだということに気づくということね。

お父さん　そう。そこを言いたいんだ。何に自分が喜びを感じるかということだね。3日連続の焼肉か、焼肉は1日で、2日分は人のために使うか・・・。どちらを本当の自分が喜ぶかということだよね。

お母さん　そうなると、その人の価値観の問題ということね。

お父さん　そう。価値観だ。言いかえればそれは『品格』ということかもしれないね。

真央ちゃん　最近、品格って言葉よく聞くけどどうも意味がよくわからなかった。少しこの話でわかったわ。

お父さん　では、品格のない人ってどんな人だろう。

真央ちゃん　やっぱり自分の喜びばっかり考えている人じゃないかしら。

お母さん　それから、将来のことを忘れて目先のことばっかり考えている人。

お父さん　そのとおりだね。『小さな自分』と『いまの自分』ばっかりを喜ばそうとしている人は品格が高いとはいえない。じゃあ、品格の高い人は？

真央ちゃん　人の喜びが自分の喜びと感じられる人？

お母さん　そうね。それに、将来の喜びを大切にできる人。

お父さん　2人とも正解だね。お父さんは**品格の高い人というのは、人の喜びを、まるで自分のことのように感じられる人、将来の喜びをいまの喜びのように感じられる人**じゃないかと思うんだ。

真央ちゃん　それって、投資そのものじゃないの？　だって、人のために自分の大切なものを用立ててあげて、感謝のしるしを将来受け取るのが投資でしょう？

お父さん　よく気づいたね。そうなんだ。だから、**投資というのは自分の品格を磨くことにもなる。**そして、自分の喜びの輪をどんどん大きく広げ、どんどん未来に伸ばしていけば世の中、すごく良くなると思わないかい？

お母さん＋真央ちゃん　本当にそうね。

お父さん　おカネがあれば自分の持っている志を何倍にも大きくすることができる。しっかりと投資をして、資産をつくればそれをどんどん世の中のために使っていける。

お母さん　それに株式や債券に投資することで投資した会社を通して世の中に貢献することもできるしね。

真央ちゃん　投資ってなんかすごいわね。ものすごいパワーを感じるわ。

お父さん　本当にみんながしっかりと、正しい投資をして、企業を応援して、資産をつくってそれを世の中のためになることに使っていけばすごいよね。投資は、小さい子供でも、お年寄りでも、病気の人でも、障害のある人でもできる。みんな、金額は小さくても、自分なりに思いを込めて良い世の中づくりに参加できる。

真央ちゃん　ほんと。ワクワクしてくるわ。

お父さん　真央、人生の目的ってなんだと思う？

真央ちゃん　・・・・

お父さん　ちょっと難しいかな？　お母さんは？

お母さん　私はいよいよ最後っていうときに『ああ、自分はみんなのおかげで楽しい、いい人生がおくれたな』って思いたい。「みんな本当にありがとう！」って感謝の思いを持ちたい。それが人生の目的かな？

お父さん　そうだね。お父さんもそう思う。人生の目的はお金持ちになることじゃないよね。**『しあわせ持ち』になる**ことだと思うんだ。おカネはしあわせ持ちになるためのひとつの手段だ。おカネだけが目的の人生なんてさびしいよね。やっぱり、しあわせにならなきゃ。

真央ちゃん＋お母さん　それは本当にそうね。

お父さん　『しあわせ持ち』になるためには、喜びの輪を広げないとね。小さな自分だけじゃなくって、みんなが喜ぶことが自分の喜びであると感じられる、そして、将来の喜びもいまのことのように喜べる。つまり、いまという瞬間の小さな自分の意識をどんどん広げていくことができれば、しあわせ持ちになれる。そのためには、自分の品格を磨くこと。そして、そのための道具がおカネであり、投資なんだ。少欲知足の精神でおカネや投資で人を助け、良い世の中作りに参加していく。それこそ人生の目的だよね。

真央ちゃん　何となくわかるわ。きっと人生を通してそのことは忘れないようにしないといけないのね。私、思うの。今はいろいろなことを勉強して自分が本当に好きなことをさがしてそれをしっかり勉強する。その分野を活かせる仕事をしてその道のプロになる。しっかり仕事をして世の中のためになることをする。そうやって得た収入の一部を投資していく。私のおカネを企業のために用だてて、投資先の企業を通じてよい社会づくりに参加する。そしてみんなに感謝されてリターンが私のところに戻ってくる。そうしたら、そのリターンをみんなが喜ぶことに使っていく。そうするとおカネは私を「しあわせ持ち」にしてくれる。

お母さん　すごいわね、真央ちゃん、マネーレッスンですごく成長したわね。とっても頼もしく思うわ。お母さんもずいぶん勉強したわ。

お父さん　おい、おい。今日はマネーレッスンの卒業式じゃないんだよ。マネーレッスンはまだまだ続く。でも、今週のマネーレッスンはおしまい。来週またね。

お母さん　そうね、じゃあ、ご飯にしましょう。今日はすき焼きよ！

そういえば初めてのマネーレッスンのときもすき焼きだったっけ。そんなに昔の話じゃないけど、ずいぶん、いろんなこと覚えたと思う。まだ、まだ、勉強することはありそう。テーブルからすき焼きのいいにおいがただよってきた。

真央ちゃんのひとり言

人生の目的はお金持ちになることではなくて、しあわせ持ちになること。そのためにも少欲知足という生き方が大切。小さな自分といまの自分ばっかりを喜ばすのではなく、できるだけたくさんの人の、ずっと将来につながる喜びを自分で感じられるように自分を磨く。それが品格を磨くということらしい。自分の好きな分野を見つけ、一生懸命勉強して、プロになり仕事を通して社会に貢献する。そうして、得た収入を投資して、投資先企業を通じて良い社会づくりに参加する。資産が貯まったらそのおカネをどんどん人が喜ぶことに使っていく。そして、自分がしあわせ持ちになっていく。そんな人生の道筋を描いて毎日を生活してみたい。

おわりに

私は長期投資仲間のための「クラブ・インベストライフ」という活動を主宰している。毎月、会報誌「インベストライフ」を発刊しているが、その２００７年11月号に「真央ちゃんの株式研究レポート」という巻頭記事を掲載したことがある。同年夏、東京在住の真央ちゃんが、小学校2年生の夏休みに書いた「株式について」という研究レポートを読み、私は非常な衝撃を受けるとともに、驚きを禁じえなかった。さっそく真央ちゃんと会い、「インベストライフ」に絶大な支援をいただいている澤上篤人氏と共にインタビューをした（「真央ちゃんの株式研究レポート」が掲載されている「インベストライフ２００７年11月号」はTraders Shop（http://www.tradersshop.com/）でＰＤＦバージョンを入手可）。

今回の執筆に際して、再度、彼女のレポートを読み直してみた。小学2年生の子どもがここまで本質を理解できるということに私は改めて感動した。本書の主人公はむろん、この実在の真央ちゃんとは関係のない人物である。本書の真央ちゃんは中学1年生という設定をした。本書の内容が中学生にはむずかしすぎるという声がでるかもしれないことは承知している。しかし、私は本書の真央ちゃんにも、読者にも、実在の真央ちゃんと同じような能力があることを信じて疑わない。多くの場合、「できない」というのは思い込みにすぎない。自分で勝手にできないと思い込み、「しない」のである。「できない」と「しない」は違う。

本書を終えるにあたって、まず、実在の真央ちゃんとお母さんに篤く感謝をしたい。日本CFA協会で共に理事を務める依田孝昭さん、この企画を持つ創成社を紹介していただきありがとうございました。創成社の塚田尚寛氏、西田徹氏にもこのようなチャンスを与えていただき感謝します。また、私の活動を支えてくださっている長期投資仲間と当社のスタッフにお礼を申し上げたい。私の家族（妻と娘）にこの本を捧げたいと思う。いま、思えば、このようなマネーレッスンを、昔、しておくべきだった。しかし、私は仕事一途で十分にそれができなかった。本当に、家族でマネーレッスンができる期間というのは限られている。「いつか、そのうち」と思っているとチャンスを失う。その点、読者のみなさまもご注意願いたい。ともかく、「遅すぎる」と言われればそうかもしれないが、遅ればせながらこの本を家族に捧げることで、過去の怠慢を少しでも穴埋めできればと思っている。末筆ながら本書を読んでいただけた読者のみなさま、ほんとうにありがとうございました。

《著者紹介》

岡本和久（おかもと・かずひさ）

CFA 協会認定証券アナリスト（Chartered Financial Analyst）
I-O ウェルス・アドバイザーズ株式会社　代表取締役社長
長期投資家仲間「クラブ・インベストライフ」主宰

慶應義塾大学経済学部卒。大手証券会社のニューヨーク現地法人、情報部などで証券アナリスト・ストラテジスト業務に従事、1992年、現バークレイズ・グローバル・インベスターズの日本法人を設立、2005年まで13年間代表取締役社長として年金運用業務に携わる。2005年5月、個人投資家向け投資セミナーを行うI-Oウェルス・アドバイザーズ株式会社を設立。『100歳までの長期投資』（日本経済新聞出版社）、『長期投資道』（パンローリング）など著書多数。

日本証券投資顧問業協会理事、副会長、投資信託協会理事などを歴任。日本CFA（Chartered Financial Analyst）協会、名誉会長。米国カリフォルニア大学バークレー校、ハース・ビジネス・スクール、アジアビジネスセンター・アドバイザー。経済同友会会員。

http://www.i-owa.com

（検印省略）

2009年9月10日　初版発行　　略称―マネーレッスン

親子で学ぶマネーレッスン
―おカネ・投資のしあわせな考え方―

著　者　岡本和久
発行者　塚田尚寛

発行所　東京都豊島区池袋3－14－4　株式会社 創成社
電　話 03（3971）6552　FAX 03（3971）6919
出版部 03（5275）9990　振　替 00150-9-191261
http://www.books-sosei.com

定価はカバーに表示してあります。

ISBN978-4-7944-2323-8 C0037
Printed in Japan

組版：ワードトップ　印刷：エーヴィス・システムズ
製本：宮製本所
落丁・乱丁本はお取り替えいたします。